Das 3. prophetische Buch
aus dem Alten Testament
der Bibel

Der Prophet Hesekiel

*Die Folgen von dämonischer Wahrsagerei,
einer Abkehr von Gott
und das Los derer,
die unschuldige Seelen irreleiten*

Übersetzung nach
Martin Luther 1545

Bibliografische Information der Deutschen Nationalbibliothek:
Die Deutsche Nationalbibliothek verzeichnet diese Publikation in der
Deutschen Nationalbibliografie; detaillierte bibliografische Daten
sind im Internet über http://dnb.dnb.de abrufbar.

TWENTYSIX – Der Self-Publishing-Verlag
Eine Kooperation zwischen der Verlagsgruppe Random House und
BoD – Books on Demand

Herstellung und Verlag:
BoD – Books on Demand, Norderstedt

ISBN: 978-3-740-77159-1

Übersetzung nach Martin Luther 1545

Layout, Schriftsatz, Formatierung:
Antonia Katharina Tessnow
www.antonia-katharina.de

Erster Hauptteil:
Gerichtsbuch oder Reden vor der Zerstörung Jerusalems

I.
Hesekiels Berufung und Weihe zum Propheten

1. Kapitel

Erscheinung der Herrlichkeit des Herrn über den Cherubim.

1 Im dreißigsten Jahr, am fünften Tage des vierten Monats, da ich war unter den Gefangenen am Wasser Chebar, tat sich der Himmel auf, und Gott zeigte mir Gesichte.

2 Derselbe fünfte Tag des Monats war eben im fünften Jahr, nachdem Jojachin, der König Juda's, war gefangen weggeführt.

3 Da geschah das Wort des HERRN zu Hesekiel, dem Sohn Busis, dem Priester, im Lande der Chaldäer, am Wasser Chebar; daselbst kam die Hand des HERRN über ihn.

4 Und ich sah, und siehe, es kam ein ungestümer Wind von Mitternacht her mit einer großen Wolke voll Feuer, das allenthalben

umher glänzte; und mitten in dem Feuer war es lichthell.

5 Und darin war es gestaltet wie vier Tiere, und dieselben waren anzusehen wie Menschen.

6 Und ein jegliches hatte vier Angesichter und vier Flügel.

7 Und ihre Beine standen gerade, und ihre Füße waren gleich wie Rinderfüße und glänzten wie helles glattes Erz.

8 Und sie hatten Menschenhände unter ihren Flügeln an ihren vier Seiten; denn sie hatten alle vier ihre Angesichter und ihre Flügel.

9 Und je einer der Flügel rührte an den andern; und wenn sie gingen, mußten sie nicht herumlenken, sondern wo sie hin gingen, gingen sie stracks vor sich.

10 Ihre Angesichter waren vorn gleich einem Menschen, und zur rechten Seite gleich einem Löwen bei allen vieren, und zur linken Seite gleich einem Ochsen bei allen vieren, und hinten gleich einem Adler bei allen vieren.

11 Und ihre Angesichter und Flügel waren obenher zerteilt, daß je zwei Flügel zusammenschlugen, und mit zwei Flügeln bedeckten sie ihren Leib.

12 Wo sie hingingen, da gingen sie stracks vor sich, sie gingen aber, wo der sie hin trieb, und mußten nicht herumlenken, wenn sie gingen.

13 Und die Tiere waren anzusehen wie feurige Kohlen, die da brennen, und wie Fackeln; und das Feuer fuhr hin zwischen den Tieren und gab

einen Glanz von sich, und aus dem Feuer gingen Blitze.

14 Die Tiere aber liefen hin und her wie der Blitz.

15 Als ich die Tiere so sah, siehe, da stand ein Rad auf der Erde bei den vier Tieren und war anzusehen wie vier Räder.

16 Und die Räder waren wie Türkis und waren alle vier eins wie das andere, und sie waren anzusehen, als wäre ein Rad im andern.

17 Wenn sie gehen wollten, konnten sie nach allen ihren vier Seiten gehen und sie mußten nicht herumlenken, wenn sie gingen.

18 Ihre Felgen und Höhe waren schrecklich; und ihre Felgen waren voller Augen um und um an allen vier Rädern.

19 Auch wenn die vier Tiere gingen, so gingen die Räder auch neben ihnen; und wenn die Tiere sich von der Erde emporhoben, so hoben sich die Räder auch empor.

20 Wo der Geist sie hintrieb, da gingen sie hin, und die Räder hoben sich neben ihnen empor; denn es war der Geist der Tiere in den Rädern.

21 Wenn sie gingen, so gingen diese auch; wenn sie standen, so standen diese auch; und wenn sie sich emporhoben von der Erde, so hoben sich auch die Räder neben ihnen empor; denn es war der Geist der Tiere in den Rädern.

22 Oben aber über den Tieren war es gestaltet wie ein Himmel, wie ein Kristall, schrecklich, gerade oben über ihnen ausgebreitet,

23 daß unter dem Himmel ihre Flügel einer stracks gegen den andern standen, und eines jeglichen Leib bedeckten zwei Flügel.
24 Und ich hörte die Flügel rauschen wie große Wasser und wie ein Getön des Allmächtigen, wenn sie gingen, und wie ein Getümmel in einem Heer. Wenn sie aber still standen, so ließen sie die Flügel nieder.
25 Und wenn sie stillstanden und die Flügel niederließen, so donnerte es in dem Himmel oben über ihnen.
26 Und über dem Himmel, so oben über ihnen war, war es gestaltet wie ein Saphir, gleichwie ein Stuhl; und auf dem Stuhl saß einer gleichwie ein Mensch gestaltet.
27 Und ich sah, und es war lichthell, und inwendig war es gestaltet wie ein Feuer um und um. Von seinen Lenden überwärts und unterwärts sah ich's wie Feuer glänzen um und um.
28 Gleichwie der Regenbogen sieht in den Wolken, wenn es geregnet hat, also glänzte es um und um. Dies war das Ansehen der Herrlichkeit des HERRN. Und da ich's gesehen hatte, fiel ich auf mein Angesicht und hörte einen reden.

2. Kapitel

Hesekiels Berufung zum Prophetenamt.

1 Und er sprach zu mir: Du Menschenkind, tritt auf deine Füße, so will ich mit dir reden.
2 Und da er so mit mir redete, ward ich erquickt und trat auf meine Füße und hörte dem zu, der mit mir redete.
3 Und er sprach zu mir: Du Menschenkind, ich sende dich zu den Kindern Israel, zu dem abtrünnigen Volk, so von mir abtrünnig geworden sind. Sie samt ihren Vätern haben bis auf diesen heutigen Tag wider mich getan.
4 Aber die Kinder, zu welchen ich dich sende, haben harte Köpfe und verstockte Herzen. Zu denen sollst du sagen: So spricht der HERR HERR!
5 Sie gehorchen oder lassen's. Es ist wohl ein ungehorsames Haus; dennoch sollen sie wissen, daß ein Prophet unter ihnen ist.
6 Und du Menschenkind, sollst dich vor ihnen nicht fürchten noch vor ihren Worten fürchten. Es sind wohl widerspenstige und stachlige Dornen bei dir, und du wohnst unter Skorpionen; aber du sollst dich nicht fürchten vor ihren Worten noch vor ihrem Angesicht dich entsetzen, ob sie wohl ein ungehorsames Haus sind,
7 sondern du sollst ihnen meine Worte sagen,

sie gehorchen oder lassen's; denn es ist ein ungehorsames Volk.

8 Aber du, Menschenkind, höre du, was ich dir sage, und sei nicht ungehorsam, wie das ungehorsame Haus ist. Tue deinen Mund auf und iß, was ich dir geben werde.

9 Und ich sah, und siehe, da war eine Hand gegen mich ausgestreckt, die hatte einen zusammengelegten Brief;

10 den breitete sie aus vor mir, und er war beschrieben auswendig und inwendig, und stand darin geschrieben Klage, Ach und Wehe.

3. Kapitel

Gott gibt dem Propheten einen Brief zu essen. Hesekiel wird entrückt, zum Wächter über das Haus Israel bestellt und schaut abermals die Herrlichkeit des Herrn.

1 Und er sprach zu mir: Du Menschenkind, iß, was vor dir ist, iß diesen Brief, und gehe hin und predige dem Hause Israel!

2 Da tat ich meinen Mund auf, und er gab mir den Brief zu essen

3 und sprach zu mir: Du Menschenkind, du mußt diesen Brief, den ich dir gebe, in deinen Leib essen und deinen Bauch damit füllen. Da aß ich ihn, und er war in meinem Munde so süß wie Honig.

4 Und er sprach zu mir: Du Menschenkind, gehe hin zum Hause Israel und predige ihnen meine Worte.

5 Denn ich sende dich ja nicht zu einem Volk, das eine fremde Rede und unbekannte Sprache hat, sondern zum Hause Israel; 6 ja, freilich nicht zu großen Völkern, die fremde Rede und unbekannte Sprache haben, welcher Worte du nicht verstehen könntest. Und wenn ich dich gleich zu denselben sendete, würden sie dich doch gern hören.

7 Aber das Haus Israel will dich nicht hören, denn sie wollen mich selbst nicht hören; denn das ganze Haus Israel hat harte Stirnen und verstockte Herzen.

8 Siehe, ich habe dein Angesicht hart gemacht gegen ihr Angesicht und deine Stirn gegen ihre Stirn.

9 Ja, ich habe deine Stirn so hart wie ein Demant, der härter ist denn ein Fels, gemacht. Darum fürchte dich nicht, entsetze dich auch nicht vor ihnen, daß sie so ein ungehorsames Haus sind.

10 Und er sprach zu mir: Du Menschenkind, alle meine Worte, die ich dir sage, die fasse zu Herzen und nimm sie zu Ohren!

11 Und gehe hin zu den Gefangenen deines Volks und predige ihnen und sprich zu ihnen: So spricht der HERR HERR! sie hören's oder lassen's.

12 Und ein Wind hob mich auf, und ich hörte hinter mir ein Getön wie eines großen Erdbebens: Gelobt sei die Herrlichkeit des HERRN an ihrem Ort!

13 Und war ein Rauschen von den Flügeln der Tiere, die aneinander schlugen, und auch das Rasseln der Räder, so hart bei ihnen waren, und das Getön eines großen Erdbebens.

14 Da hob mich der Wind auf und führte mich weg. Und ich fuhr dahin in bitterem Grimm, und des HERRN Hand hielt mich fest.

15 Und ich kam zu den Gefangenen, die am Wasser Chebar wohnten, gen Thel-Abib, und setzte mich zu ihnen, die da saßen, und blieb daselbst unter ihnen sieben Tage ganz traurig.

16 Und da die sieben Tage um waren, geschah des HERRN Wort zu mir und sprach:

17 Du Menschenkind, ich habe dich zum Wächter gesetzt über das Haus Israel; du sollst aus meinem Munde das Wort hören und sie von meinetwegen warnen.

18 Wenn ich dem Gottlosen sage: Du mußt des Todes sterben, und du warnst ihn nicht und sagst es ihm nicht, damit sich der Gottlose vor seinem gottlosen Wesen hüte, auf daß er lebendig bleibe: so wird der Gottlose um seiner Sünde willen sterben; aber sein Blut will ich von deiner Hand fordern.

19 Wo du aber den Gottlosen warnst und er sich nicht bekehrt von seinem gottlosen Wesen

und Wege, so wird er um seiner Sünde willen sterben; aber du hast deine Seele errettet.

20 Und wenn sich ein Gerechter von seiner Gerechtigkeit wendet und tut Böses, so werde ich ihn lassen anlaufen, daß er muß sterben. Denn weil du ihn nicht gewarnt hast, wird er um seiner Sünde willen sterben müssen, und seine Gerechtigkeit, die er getan, wird nicht angesehen werden; aber sein Blut will ich von deiner Hand fordern.

21 Wo du aber den Gerechten warnst, daß er nicht sündigen soll, und er sündigt auch nicht, so soll er leben, denn er hat sich warnen lassen; und du hast deine Seele errettet.

II.

Erste Reihe von Drohweissagungen
gegen Juda und Jerusalem
in Bild und Wort

22 Und daselbst kam des HERRN Hand über mich, und er sprach zu mir: Mache dich auf und gehe hinaus ins Feld; da will ich mit dir reden.

23 Und ich machte mich auf und ging hinaus ins Feld; und siehe, da stand die Herrlichkeit des HERR daselbst, gleichwie ich sie am Wasser

Chebar gesehen hatte; und ich fiel nieder auf mein Angesicht.

24 Und ich ward erquickt und trat auf meine Füße. Und er redete mit mir und sprach zu mir: Gehe hin und verschließ dich in deinem Hause!

25 Und du, Menschenkind, siehe, man wird dir Stricke anlegen und dich damit binden, daß du nicht ausgehen sollst unter sie.

26 Und ich will dir die Zunge an deinem Gaumen kleben lassen, daß du verstummen sollst und nicht mehr sie Strafen könnest; denn es ist ein ungehorsames Haus.

27 Wenn ich aber mit dir reden werde, will ich dir den Mund auftun, daß du zu ihnen sagen sollst: So spricht der HERR HERR! Wer's hört, der höre es; wer's läßt, der lasse es; denn es ist ein ungehorsames Haus.

4. Kapitel

Die Belagerung Jerusalems vorgebildet.

1 Und du, Menschenkind, nimm einen Ziegel; den lege vor dich und entwirf darauf die Stadt Jerusalem

2 und mache eine Belagerung darum und baue ein Bollwerk darum und schütte einen Wall darum und mache ein Heerlager darum und stelle Sturmböcke rings um sie her.

3 Vor dich aber nimm eine eiserne Pfanne; die laß eine eiserne Mauer sein zwischen dir und der Stadt, und richte dein Angesicht gegen sie und belagere sie. Das sei ein Zeichen dem Hause Israel.

4 Du sollst dich auch auf deine linke Seite legen und die Missetat des Hauses Israel auf dieselbe legen; soviel Tage du darauf liegst, so lange sollst du auch ihre Missetat tragen.

5 Ich will dir aber die Jahre ihrer Missetat zur Anzahl der Tage machen, nämlich dreihundertundneunzig Tage; so lange sollst du die Missetat des Hauses Israel tragen.

6 Und wenn du solches ausgerichtet hast, sollst du darnach dich auf deine rechte Seite legen und sollst tragen die Missetat des Hauses Juda vierzig Tage lang; denn ich gebe dir hier auch je einen Tag für ein Jahr.

7 Und richte dein Angesicht und deinen bloßen Arm wider das belagerte Jerusalem und weissage wider dasselbe.

8 Und sieh, ich will dir Stricke anlegen, daß du dich nicht wenden könnest von einer Seite zur andern, bis du die Tage deiner Belagerung vollendet hast.

9 So nimm nun zu dir Weizen, Gerste, Bohnen, Linsen, Hirse und Spelt und tue alles in ein Faß und mache dir Brot daraus, soviel Tage du auf deiner Seite liegst, daß du dreihundertundneunzig Tage daran zu essen hast,

10 also daß deine Speise, die du täglich essen sollst, sei zwanzig Lot nach dem Gewicht. Solches sollst du von einer Zeit zur andern essen.

11 Das Wasser sollst du auch nach dem Maß trinken, nämlich das sechste Teil vom Hin, und sollst solches auch von einer Zeit zur andern trinken.

12 Gerstenkuchen sollst du essen, die du vor ihren Augen auf Menschenmist backen sollst.

13 Und der HERR sprach: Also müssen die Kinder Israel ihr unreines Brot essen unter den Heiden, dahin ich sie verstoßen werde.

14 Ich aber sprach: Ach HERR HERR! siehe, meine Seele ist noch nie unrein geworden; denn ich habe von meiner Jugend auf bis auf diese Zeit kein Aas oder Zerrissenes gegessen, und ist nie unreines Fleisch in meinen Mund gekommen.

15 Er aber sprach zu mir: Siehe, ich will dir Kuhmist für Menschenmist zulassen, darauf du dein Brot machen sollst.

16 Und sprach zu mir: Du Menschenkind, siehe, ich will den Vorrat des Brots zu Jerusalem wegnehmen, daß sie das Brot essen müssen nach dem Gewicht und mit Kummer, und das Wasser nach dem Maß mit Kummer trinken,

17 darum, daß es an Brot und Wasser mangeln und einer mit dem andern trauern wird und sie in ihrer Missetat verschmachten sollen.

5. Kapitel

Strafgericht Gottes über die Stadt Jerusalem.

1 Und du, Menschenkind, nimm ein Schwert, scharf wie ein Schermesser, und fahr damit über dein Haupt und deinen Bart und nimm eine Waage und teile das Haar damit.
2 Das eine dritte Teil sollst du mit Feuer verbrennen mitten in der Stadt, wenn die Tage der Belagerung um sind; das andere dritte Teil nimm und schlag's mit dem Schwert ringsumher; das letzte dritte Teil streue in den Wind, daß ich das Schwert hinter ihnen her ausziehe.
3 Nimm aber ein klein wenig davon und binde es in deinen Mantelzipfel.
4 Und nimm wiederum etliches davon und wirf's in ein Feuer und verbrenne es mit Feuer; von dem soll ein Feuer auskommen über das ganze Haus Israel.
5 So spricht der HERR HERR: Das ist Jerusalem, das ich mitten unter die Heiden gesetzt habe und ringsherum Länder.
6 Aber es hat mein Gesetz verwandelt in gottlose Lehre mehr denn die Länder, so ringsherum liegen. Denn sie verwerfen mein Gesetz und wollen nicht nach meinen Rechten leben.
7 Darum spricht der HERR also: Weil ihr's mehr macht denn die Heiden, so um euch her sind, und nach meinen Geboten nicht lebt und nach

meinen Rechten nicht tut, sondern nach der Heiden Weise tut, die um euch her sind,

8 so spricht der HERR HERR also: Siehe, ich will auch an dich und will Recht über dich gehen lassen, daß die Heiden zusehen sollen;

9 und will also mit dir umgehen, wie ich nie getan habe und hinfort nicht tun werde, um aller deiner Gräuel willen:

10 daß in dir die Väter ihre Kinder und die Kinder ihre Väter fressen sollen; und will solch Recht über dich gehen lassen, daß alle deine übrigen sollen in alle Winde zerstreut werden.

11 Darum, so wahr als ich lebe, spricht der HERR HERR, weil du mein Heiligtum mit allen deinen Gräueln und Götzen verunreinigt hast, will ich dich auch zerschlagen, und mein Auge soll dein nicht schonen, und ich will nicht gnädig sein.

12 Es soll ein drittes Teil an der Pestilenz (1) sterben und durch Hunger alle werden in dir, und das andere dritte Teil durchs Schwert fallen rings um dich her; und das letzte dritte Teil will ich in alle Winde zerstreuen und das Schwert hinter ihnen her ausziehen.

13 Also soll mein Zorn vollendet und mein Grimm an ihnen ausgerichtet werden, daß ich meinen Mut kühle; und sie sollen erfahren, daß ich, der HERR, in meinem Eifer geredet habe, wenn ich meinen Grimm an ihnen ausgerichtet habe.

14 Ich will dich zur Wüste und zur Schmach setzen vor den Heiden, so um dich her sind, vor den Augen aller, die vorübergehen.

15 Und sollst eine Schmach, Hohn, Beispiel und Wunder sein allen Heiden, die um dich her sind, wenn ich über dich das Recht gehen lasse mit Zorn, Grimm und zornigem Schelten (das sage ich, der HERR)

16 und wenn ich böse Pfeile des Hungers unter sie schießen werde, die da schädlich sein sollen, und ich sie ausschießen werde, euch zu verderben, und den Hunger über euch immer größer werden lasse und den Vorrat des Brots wegnehme.

17 Ja, Hunger und böse, wilde Tiere will ich unter euch schicken, die sollen euch kinderlos machen; und soll Pestilenz (1) und Blut unter dir umgehen, und ich will das Schwert über dich bringen. Ich, der HERR, habe es gesagt.

6. Kapitel

Verwüstung des abgöttischen Landes.

1 Und des HERRN Wort geschah zu mir und sprach:
2 Du Menschenkind, kehre dein Angesicht wider die Berge Israels und weissage wider sie
3 und sprich: Ihr Berge Israels, hört das Wort des HERRN HERRN! So spricht der HERR HERR

zu den Bergen und Hügeln, zu den Bächen und Tälern: Siehe, ich will das Schwert über euch bringen und eure Höhen zerstören,

4 daß eure Altäre verwüstet und eure Sonnensäulen zerbrochen werden, und will eure Erschlagenen vor eure Bilder werfen;

5 ja, ich will die Leichname der Kinder Israel vor ihre Bilder hinwerfen und will ihre Gebeine um eure Altäre her zerstreuen.

6 Wo ihr wohnet, da sollen die Städte wüst und die Höhen zur Einöde werden; denn man wird eure Altäre wüst und zur Einöde machen und eure Götzen zerbrechen und zunichte machen und eure Sonnensäulen zerschlagen und eure Machwerke vertilgen.

7 Und sollen Erschlagene unter euch daliegen, daß ihr erfahrt, ich sei der HERR.

8 Ich will aber etliche von euch übrigbleiben lassen, die dem Schwert entgehen unter den Heiden, wenn ich euch in die Länder zerstreut habe.

9 Diese eure Entronnenen werden dann an mich gedenken unter den Heiden, da sie gefangen sein müssen, wenn ich ihr abgöttisches Herz, so von mir gewichen, und ihre abgöttischen Augen, so nach ihren Götzen gesehen, zerschlagen habe; und es wird sie gereuen die Bosheit, die sie durch alle ihre Gräuel begangen haben;

10 und sie sollen erfahren, daß ich der HERR sei

und nicht umsonst geredet habe, solches Unglück ihnen zu tun.

11 So spricht der HERR HERR: Schlage deine Hände zusammen und stampfe mit deinem Fuß und sprich: Weh über alle Gräuel der Bosheit im Hause Israel, darum sie durch Schwert, Hunger und Pestilenz fallen müssen!

12 Wer fern ist, wird an der Pestilenz sterben, und wer nahe ist, wird durchs Schwert fallen; wer aber übrigbleibt und davor behütet ist, wird Hungers sterben. Also will ich meinen Grimm unter ihnen vollenden,

13 daß ihr erfahren sollt, ich sei der HERR, wenn ihre Erschlagenen unter ihren Götzen liegen werden um ihre Altäre her, oben auf allen Hügeln und oben auf allen Bergen und unter allen grünen Bäumen und unter allen dichten Eichen, an welchen Orten sie allerlei Götzen süßes Räuchopfer taten.

14 Ich will meine Hand wider sie ausstrecken und das Land wüst und öde machen von der Wüste an bis gen Dibla, überall, wo sie wohnen; und sie sollen erfahren, daß ich der HERR sei.

7. Kapitel

Furchtbares Strafgericht Gottes über Israel.

1 Und des HERRN Wort geschah zu mir und sprach:

2 Du Menschenkind, so spricht der HERR HERR vom Lande Israel: Das Ende kommt, das Ende über alle vier Örter des Landes.

3 Nun kommt das Ende über dich; denn ich will meinen Grimm über dich senden und will dich richten, wie du es verdient hast, und will dir geben, was allen deinen Gräueln gebührt.

4 Mein Auge soll dein nicht schonen noch übersehen; sondern ich will dir geben, wie du verdient hast, und deine Gräuel sollen unter dich kommen, daß ihr erfahren sollt, ich sei der HERR.

5 So spricht der HERR HERR: Siehe, es kommt ein Unglück über das andere!

6 Das Ende kommt, es kommt das Ende, es ist erwacht über dich; siehe, es kommt!

7 Es geht schon auf und bricht daher über dich, du Einwohner des Landes; die Zeit kommt, der Tag des Jammers ist nahe, da kein Singen auf den Bergen sein wird.

8 Nun will ich bald meinen Grimm über dich schütten und meinen Zorn an dir vollenden und will dich richten, wie du verdient hast, und dir geben, was deinen Gräueln allen gebührt.

9 Mein Auge soll dein nicht schonen, und ich will nicht gnädig sein; sondern will dir geben, wie du verdient hast, und deine Gräuel sollen unter dich kommen, daß ihr erfahren sollt, ich sei der HERR, der euch schlägt.

10 Siehe, der Tag, siehe, er kommt daher, er bricht an; die Rute blüht, und der Stolze grünt.

11 Der Tyrann hat sich aufgemacht zur Rute über die Gottlosen, daß nichts von ihnen noch von ihrem Volk noch von ihrem Haufen Trost haben wird.
12 Es kommt die Zeit, der Tag naht herzu! Der Käufer freue sich nicht, und der Verkäufer trauere nicht; denn es kommt der Zorn über all ihren Haufen.
13 Darum soll der Verkäufer nach seinem verkauften Gut nicht wieder trachten; denn wer da lebt, der wird's haben. Denn die Weissagung über all ihren Haufen wird nicht zurückkehren; keiner wird sein Leben erhalten, um seiner Missetat willen.
14 Laßt sie die Posaune nur blasen und alles zurüsten, es wird doch niemand in den Krieg ziehen; denn mein Grimm geht über all ihren Haufen.
15 Draußen geht das Schwert; drinnen geht Pestilenz (1) und Hunger. Wer auf dem Felde ist, der wird vom Schwert sterben; wer aber in der Stadt ist, den wird Pestilenz und Hunger fressen.
16 Und welche unter ihnen entrinnen, die müssen auf dem Gebirge sein, und wie die Tauben in den Gründen, die alle untereinander girren, ein jeglicher um seiner Missetat willen.
17 Aller Hände werden dahinsinken, und aller Kniee werden so ungewiß stehen wie Wasser;
18 und werden Säcke um sich gürten und mit Furcht überschüttet sein, und aller Angesichter

werden jämmerlich sehen und aller Häupter kahl sein.

19 Sie werden ihr Silber hinaus auf die Gassen werfen und ihr Gold wie Unflat achten; denn ihr Silber und Gold wird sie nicht erretten am Tage des Zorns des HERRN. Und sie werden ihre Seele davon nicht sättigen noch ihren Bauch davon füllen; denn es ist ihnen gewesen ein Anstoß zu ihrer Missetat.

20 Sie haben aus ihren edlen Kleinoden, damit sie Hoffart trieben, Bilder ihrer Gräuel und Scheuel (2) gemacht; darum will ich's ihnen zum Unflat machen

21 und will's Fremden in die Hände geben, daß sie es rauben, und den Gottlosen auf Erden zur Ausbeute, daß sie es entheiligen sollen.

22 Ich will mein Angesicht davon kehren, daß sie meinen Schatz entheiligen; ja, Räuber sollen darüber kommen und es entheiligen.

23 Mache Ketten; denn das Land ist voll Blutschulden und die Stadt voll Frevels.

24 So will ich die Ärgsten unter den Heiden kommen lassen, daß sie sollen ihre Häuser einnehmen, und will der Hoffart der Gewaltigen ein Ende machen und ihre Heiligtümer entheiligen.

25 Der Ausrotter kommt; da werden sie Frieden suchen, und wird keiner dasein.

26 Ein Unfall wird über den andern kommen, ein Gerücht über das andere. So werden sie dann ein Gesicht bei den Propheten suchen;

auch wird weder Gesetz bei den Priestern noch Rat bei den Alten mehr sein.

27 Der König wird betrübt sein, und die Fürsten werden in Entsetzen gekleidet sein, und die Hände des Volkes im Lande werden verzagt sein. Ich will mit ihnen umgehen, wie sie gelebt haben, und will sie richten, wie sie verdient haben, daß sie erfahren sollen, ich sei der HERR.

III.

Das Gesicht von den abgöttischen Gräueln in Jerusalem und von dem göttlichen Gericht über die Stadt

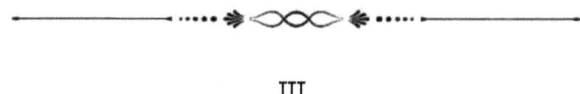

8. Kapitel

Der Prophet wird nach Jerusalem entrückt und schaut die Gräuel des Götzendienstes im Tempel.

1 Und es begab sich im sechsten Jahr, am fünften Tage des sechsten Monats, daß ich saß in meinem Hause und die Alten aus Juda saßen vor mir; daselbst fiel die Hand des HERRN HERRN auf mich.

2 Und siehe, ich sah, daß es von seinen Lenden

herunterwärts war gleichwie Feuer; aber oben über seinen Lenden war es lichthell;

3 und er reckte aus gleichwie eine Hand und ergriff mich bei dem Haar meines Hauptes. Da führte mich ein Wind zwischen Himmel und Erde und brachte mich gen Jerusalem in einem göttlichen Gesichte zu dem Tor am inneren Vorhof, das gegen Mitternacht sieht, da stand ein Bild zu Verdruß dem HAUSHERRN.

4 Und siehe, da war die Herrlichkeit des Gottes Israels, wie ich sie zuvor gesehen hatte im Felde.

5 Und er sprach zu mir: du Menschenkind, hebe deine Augen auf gegen Mitternacht, siehe, da stand gegen Mitternacht das verdrießliche Bild am Tor des Altars, eben da man hineingeht.

6 Und er sprach zu mir: Du Menschenkind, siehst du auch, was diese tun? Große Gräuel, die das Haus Israel hier tut, daß sie mich ja fern von meinem Heiligtum treiben. Aber du wirst noch mehr große Gräuel sehen.

7 Und er führte mich zur Tür des Vorhofs; da sah ich, und siehe, da war ein Loch in der Wand.

8 Und er sprach zu mir: Du Menschenkind, grabe durch die Wand. Und da ich durch die Wand grub, siehe, da war eine Tür.

9 Und er sprach zu mir: Gehe hinein und schaue die bösen Gräuel, die sie all hier tun.

10 Und da ich hineinkam und sah, siehe, da waren allerlei Bildnisse der Würmer und Tiere, eitel Scheuel (2), und allerlei Götzen des Hauses

Israel, allenthalben umher an der Wand gemacht;

11 vor welchen standen siebzig Männer aus den Ältesten des Hauses Israel, und Jaasanja, der Sohn Saphans, stand auch unter ihnen; und ein jeglicher hatte sein Räuchfaß in der Hand, und ging ein dicker Nebel auf vom Räuchwerk.

12 Und er sprach zu mir: Du Menschenkind, siehst du, was die Ältesten des Hauses Israel tun in der Finsternis, ein jeglicher in seiner Bilderkammer? Denn sie sagen: Der HERR sieht uns nicht, sondern der HERR hat das Land verlassen.

13 Und er sprach zu mir: Du sollst noch mehr Gräuel sehen, die sie tun.

14 Und er führte mich hinein zum Tor an des HERRN Hause, das gegen Mitternacht steht; und siehe, daselbst saßen Weiber, die weinten über den Thammus.

15 Und er sprach zu mir: Menschenkind, siehst du das? Aber du sollst noch größere Gräuel sehen, denn diese sind.

16 Und er führte mich in den inneren Hof am Hause des HERRN; und siehe, vor der Tür am Tempel des HERRN, zwischen der Halle und dem Altar, da waren bei fünfundzwanzig Männer, die ihren Rücken gegen den Tempel des HERRN und ihr Angesicht gegen Morgen gekehrt hatten und beteten gegen der Sonne Aufgang.

17 Und er sprach zu mir: Menschenkind, siehst

du das? Ist's dem Hause Juda zu wenig, alle solche Gräuel hier zu tun, daß sie auch sonst im ganzen Lande eitel Gewalt und Unrecht treiben und reizen mich immer wieder? Und siehe, sie halten die Weinrebe an die Nase.
18 Darum will ich auch wider sie mit Grimm handeln, und mein Auge soll ihrer nicht verschonen, und ich will nicht gnädig sein; und wenn sie gleich mit lauter Stimme vor meinen Ohren schreien, will ich sie doch nicht hören.

9. Kapitel

Große Niederlage in Jerusalem, Verschonung der Frommen.

1 Und er rief mit lauter Stimme vor meinen Ohren und sprach: Laßt herzukommen die Heimsuchung der Stadt, und ein jeglicher habe eine Mordwaffe in seiner Hand.
2 Und siehe, es kamen sechs Männer auf dem Wege vom Obertor her, das gegen Mitternacht steht; und ein jeglicher hatte eine schädliche Waffe in seiner Hand. Aber es war einer unter ihnen, der hatte Leinwand an und ein Schreibzeug an seiner Seite. Und sie gingen hinein und traten neben den ehernen Altar.
3 Und die Herrlichkeit des Gottes Israels erhob sich von dem Cherub, über dem sie war, zu der Schwelle am Hause und rief dem, der die

Leinwand anhatte und das Schreibzeug an seiner Seite.

4 Und der HERR sprach zu ihm: Gehe durch die Stadt Jerusalem und zeichne mit einem Zeichen an die Stirn die Leute, so da seufzen und jammern über die Gräuel, so darin geschehen.

5 Zu jenen aber sprach er, daß ich's hörte: Gehet diesem nach durch die Stadt und schlaget drein; eure Augen sollen nicht schonen noch übersehen.

6 Erwürget Alte, Jünglinge, Jungfrauen, Kinder und Weiber, alles tot; aber die das Zeichen an sich haben, derer sollt ihr keinen anrühren. Fanget aber an an meinem Heiligtum! Und sie fingen an an den alten Leuten, so vor dem Hause waren.

7 Und er sprach zu ihnen: Verunreinigt das Haus und macht die Vorhöfe voll Erschlagener; gehet heraus! Und sie gingen heraus und schlugen in der Stadt.

8 Und da sie ausgeschlagen hatten, war ich noch übrig. Und ich fiel auf mein Angesicht, schrie und sprach: Ach HERR HERR, willst du denn alle übrigen in Israel verderben, daß du deinen Zorn so ausschüttest über Jerusalem?

9 Und er sprach zu mir: Es ist die Missetat des Hauses Israel und Juda allzusehr groß; es ist eitel Blutschuld im Lande und Unrecht in der Stadt. Denn sie sprechen: Der HERR hat das Land verlassen, und der HERR sieht uns nicht.

10 Darum soll mein Auge auch nicht schonen,

ich will auch nicht gnädig sein, sondern ihr Tun auf ihren Kopf werfen.

11 Und siehe, der Mann, der die Leinwand anhatte und das Schreibzeug an seiner Seite, antwortete und sprach: Ich habe getan, wie du mir geboten hast.

10. Kapitel

Die Herrlichkeit Gottes über den Cherubim.

1 Und ich sah, und siehe, an dem Himmel über dem Haupt der Cherubim war es gestaltet wie ein Saphir, und über ihnen war es gleich anzusehen wie ein Thron.

2 Und er sprach zu dem Mann in der Leinwand: Gehe hin zwischen die Räder unter den Cherub und fasse die Hände voll glühender Kohlen, so zwischen den Cherubim sind, und streue sie über die Stadt. Und er ging hinein, daß ich's sah, da er hineinging.

3 Die Cherubim aber standen zur Rechten am Hause, und die Wolke erfüllte den innern Vorhof.

4 Und die Herrlichkeit des HERRN erhob sich von dem Cherub zur Schwelle am Hause; und das Haus ward erfüllt mit der Wolke und der Vorhof voll Glanzes von der Herrlichkeit des HERRN.

5 Und man hörte die Flügel der Cherubim

rauschen bis in den äußeren Vorhof wie eine mächtige Stimme des allmächtigen Gottes, wenn er redet.

6 Und da er dem Mann in der Leinwand geboten hatte und gesagt: Nimm Feuer zwischen den Rädern unter den Cherubim! ging er hinein und trat neben das Rad.

7 Und der Cherub streckte seine Hand heraus zwischen den Cherubim zum Feuer, das zwischen den Cherubim war, nahm davon und gab's dem Mann in der Leinwand in die Hände; der empfing's und ging hinaus.

8 Und es erschien an den Cherubim gleichwie eines Menschen Hand unter ihren Flügeln.

9 Und ich sah, und siehe, vier Räder standen bei den Cherubim, bei einem jeglichen Cherub ein Rad; und die Räder waren anzusehen gleichwie ein Türkis

10 und waren alle vier eines wie das andere, als wäre ein Rad im andern.

11 Wenn sie gehen sollten, so konnten sie nach allen vier Seiten gehen und mußten sich nicht herumlenken, wenn sie gingen; sondern wohin das erste ging, da gingen sie nach und mußten sich nicht herumlenken.

12 Und ihr ganzer Leib, Rücken, Hände und Flügel und die Räder waren voll Augen um und um; alle vier hatten ihre Räder.

13 Und die Räder wurden genannt "der Wirbel", daß ich's hörte.

14 Ein jeglicher hatte vier Angesichter; das

erste Angesicht war eines Cherubs, das andere eines Menschen, das dritte eines Löwen, das vierte eines Adlers.

15 Und die Cherubim schwebten empor. Es ist eben das Tier, das ich sah am Wasser Chebar.

16 Wenn die Cherubim gingen, so gingen die Räder auch neben ihnen; und wenn die Cherubim ihre Flügel schwangen, daß sie sich von der Erde erhoben, so lenkten sich die Räder auch nicht von Ihnen.

17 Wenn jene standen, so standen diese auch; erhoben sie sich, so erhoben sich diese auch; denn es war der Geist der Tiere in ihnen.

18 Und die Herrlichkeit des HERRN ging wieder aus von der Schwelle am Hause des HERRN und stellte sich über die Cherubim.

19 Da schwangen die Cherubim ihre Flügel und erhoben sich von der Erde vor meinen Augen; und da sie ausgingen, gingen die Räder neben ihnen. Und sie traten zum Tor am Hause des HERRN, gegen Morgen, und die Herrlichkeit des Gottes Israels war oben über ihnen.

20 Das ist das Tier, das ich unter dem Gott Israels sah am Wasser Chebar; und ich merkte, das es Cherubim wären,

21 da ein jegliches vier Angesichter hatte und vier Flügel und unter den Flügeln gleichwie Menschenhände.

22 Es waren ihre Angesichter gestaltet, wie ich sie am Wasser Chebar sah, und sie gingen stracks vor sich.

11. Kapitel

*Die Fürsten Judas gestraft,
die Verbannten getröstet.*

1 Und mich hob ein Wind auf und brachte mich zum Tor am Hause des HERRN, das gegen Morgen sieht; und siehe, unter dem Tor waren fünfundzwanzig Männer; und ich sah unter ihnen Jaasanja, den Sohn Assurs, und Pelatja, den Sohn Benajas, die Fürsten im Volk.
2 Und er sprach zu mir: Menschenkind, diese Leute haben unselige Gedanken und schädliche Ratschläge in dieser Stadt;
3 denn sie sprechen: "Es ist nicht so nahe; laßt uns nur Häuser bauen! Sie ist der Topf, so sind wir das Fleisch."
4 Darum sollst du, Menschenkind, wider sie weissagen.
5 Und der Geist des HERRN fiel auf mich, und er sprach zu mir: Sprich: So sagt der HERR: Ich habe also geredet, ihr vom Hause Israel; und eures Geistes Gedanken kenne ich wohl.
6 Ihr habt viele erschlagen in dieser Stadt, und ihre Gassen liegen voll Toter.
7 Darum spricht der HERR HERR also: Die ihr darin getötet habt, die sind das Fleisch, und sie ist der Topf; aber ihr müßt hinaus.
8 Das Schwert, das ihr fürchtet, das will ich über euch kommen lassen, spricht der HERR HERR.

9 Ich will euch von dort herausstoßen und den Fremden in die Hand geben und will euch euer Recht tun.

10 Ihr sollt durchs Schwert fallen; an der Grenze Israels will ich euch richten, und sollt erfahren, daß ich der HERR bin.

11 Die Stadt aber soll nicht euer Topf sein noch ihr das Fleisch darin; sondern an der Grenze Israels will ich euch richten.

12 Und ihr sollt erfahren, daß ich der HERR bin; denn ihr habt nach meinen Geboten nicht gewandelt und habt meine Rechte nicht gehalten, sondern getan nach der Heiden Weise, die um euch her sind.

13 Und da ich so weissagte, starb Pelatja, der Sohn Benajas. Da fiel ich auf mein Angesicht und schrie mit lauter Stimme und sprach: Ach HERR HERR, du wirst's mit den übrigen Israels gar aus machen!

14 Da geschah des HERRN Wort zu mir und sprach:

15 Du Menschenkind, zu deinen Brüdern und nahen Freunden und dem ganzen Haus Israel sprechen wohl die, so noch zu Jerusalem wohnen: Ihr müsset fern vom HERRN sein, aber wir haben das Land inne.

16 Darum sprich du: So spricht der HERR HERR: Ja, ich habe sie fern weg unter die Heiden lassen treiben und in die Länder zerstreut; doch will ich bald ihr Heiland sein in den Ländern, dahin sie gekommen sind.

17 Darum sprich: So sagt der HERR HERR: Ich will euch sammeln aus den Völkern und will euch sammeln aus den Ländern, dahin ihr zerstreut seid, und will euch das Land Israel geben.

18 Da sollen sie kommen und alle Scheuel und Gräuel daraus wegtun.

19 Und ich will euch ein einträchtiges Herz geben und einen neuen Geist in euch geben und will das steinerne Herz wegnehmen aus eurem Leibe und ein fleischernes Herz geben,

20 auf daß sie nach meinen Sitten wandeln und meine Rechte halten und darnach tun. Und sie sollen mein Volk sein, so will ich ihr Gott sein.

21 Denen aber, so nach ihres Herzens Scheueln und Gräueln wandeln, will ich ihr Tun auf ihren Kopf werfen, spricht der HERR HERR.

22 Da schwangen die Cherubim ihre Flügel, und die Räder gingen neben ihnen, und die Herrlichkeit des Gottes Israels war oben über ihnen.

23 Und die Herrlichkeit des HERRN erhob sich aus der Stadt und stellte sich auf den Berg, der gegen Morgen vor der Stadt liegt.

24 Und ein Wind hob mich auf und brachte mich im Gesicht und im Geist Gottes nach Chaldäa zu den Gefangenen. Und das Gesicht, so ich gesehen hatte, verschwand vor mir.

25 Und ich sagte den Gefangenen alle Worte des HERRN, die er mir gezeigt hatte.

IV.
Zweite Reihe von Drohweissagungen und Strafreden gegen Jerusalem und Juda

12. Kapitel

Die Wegführung des Königs mit seinem Volk wird unter Sinnbildern vorgestellt und die schnelle Erfüllung dieser Weissagung angekündigt.

1 Und des HERRN Wort geschah zu mir und sprach:
2 Du Menschenkind, du wohnst unter einem ungehorsamen Haus, welches hat wohl Augen, daß sie sehen könnten, und wollen nicht sehen, Ohren, daß sie hören könnten, und wollen nicht hören, sondern es ist ein ungehorsames Haus.
3 Darum, du Menschenkind, nimm dein Wandergerät und zieh am lichten Tage davon vor ihren Augen. Von deinem Ort sollst du ziehen an einen andern Ort vor ihren Augen, ob sie vielleicht merken wollten, daß sie ein ungehorsames Haus sind.
4 Und sollst dein Gerät heraustun wie Wandergerät bei lichtem Tage vor ihren Augen; und du sollst ausziehen des Abends vor ihren Augen, gleichwie man auszieht, wenn man

wandern will;

5 und du sollst durch die Wand ausbrechen vor ihren Augen und durch dieselbe ziehen;

6 und du sollst es auf deine Schulter nehmen vor ihren Augen und, wenn es dunkel geworden ist, hinaustragen; dein Angesicht sollst du verhüllen, daß du das Land nicht siehst. Denn ich habe dich dem Hause Israel zum Wunderzeichen gesetzt.

7 Und ich tat wie mir befohlen war, und trug mein Gerät heraus wie Wandergerät bei lichtem Tage; und am Abend brach ich mit der Hand durch die Wand; und das es dunkel geworden war, nahm ich's auf die Schulter und trug's hinaus vor ihren Augen.

8 Und frühmorgens geschah des HERRN Wort zu mir und sprach:

9 Menschenkind, hat das Haus Israel, das ungehorsame Haus, nicht zu dir gesagt: Was machst du?

10 So sprich zu ihnen: So spricht der HERR HERR: Diese Last betrifft den Fürsten zu Jerusalem und das ganze Haus Israel, das darin ist.

11 Sprich: Ich bin euer Wunderzeichen; wie ich getan habe, also soll ihnen geschehen, daß sie wandern müssen und gefangen geführt werden.

12 Ihr Fürst wird seine Habe auf der Schulter tragen im Dunkel und muß ausziehen durch die Wand, die sie zerbrechen werden, daß sie dadurch ausziehen; sein Angesicht wird verhüllt

werden, daß er mit keinem Auge das Land sehe.

13 Ich will auch mein Netz über ihn werfen, daß er in meinem Garn gefangen werde, und will ihn gen Babel bringen in der Chaldäer Land, das er doch nicht sehen wird, und er soll daselbst sterben.

14 Und alle, die um ihn her sind, seine Gehilfen und all sein Anhang, will ich unter alle Winde zerstreuen und das Schwert hinter ihnen her ausziehen.

15 Also sollen sie erfahren, daß ich der HERR sei, wenn ich sie unter die Heiden verstoße und in die Länder zerstreue.

16 Aber ich will ihrer etliche wenige übrigbleiben lassen vor dem Schwert, dem Hunger und der Pestilenz (1); die sollen jener Gräuel erzählen unter den Heiden, dahin sie kommen werden, und sie sollen erfahren, daß ich der HERR sei.

17 Und des HERRN Wort geschah zu mir und sprach:

18 Du Menschenkind, du sollst dein Brot essen mit Beben und dein Wasser trinken mit Zittern und Sorgen.

19 Und sprich zum Volk im Lande: So spricht der HERR HERR von den Einwohnern zu Jerusalem im Lande Israel: Sie müssen ihr Brot essen in Sorgen und ihr Wasser trinken in Elend; denn das Land soll wüst werden von allem, was darin ist, um des Frevels willen aller Einwohner.

20 Und die Städte, so wohl bewohnt sind, sollen

verwüstet und das Land öde werden; also sollt ihr erfahren, daß ich der HERR sei.

21 Und des HERRN Wort geschah zu mir und sprach:

22 Du Menschenkind, was habt ihr für ein Sprichwort im Lande Israel und sprecht: Weil sich's so lange verzieht, so wird nun hinfort nichts aus der Weissagung?

23 Darum sprich zu ihnen: So spricht der HERR HERR: Ich will das Sprichwort aufheben, daß man es nicht mehr führen soll in Israel. Und rede zu ihnen: Die Zeit ist nahe und alles, was geweissagt ist.

24 Denn es soll hinfort kein falsches Gesicht und keine Weissagung mit Schmeichelworten mehr sein im Hause Israel.

25 Denn ich bin der HERR; was ich rede, das soll geschehen und nicht länger verzogen werden; sondern bei eurer Zeit, ihr ungehorsames Haus, will ich tun, was ich rede, spricht der HERR HERR.

26 Und des HERRN Wort geschah zu mir und sprach:

27 Du Menschenkind, siehe, das Haus Israel spricht: Das Gesicht, das dieser sieht, da ist noch lange hin; und er weissagt auf die Zeit, die noch ferne ist.

28 Darum sprich zu ihnen: So spricht der HERR HERR: Was ich rede, soll nicht länger verzogen werden, sondern soll geschehen, spricht der HERR HERR.

13. Kapitel

Weissagung gegen die falschen Propheten und Prophetinnen.

1 Und des HERRN Wort geschah zu mir und sprach:
2 Du Menschenkind, weissage wider die Propheten Israels und sprich zu denen, so aus ihrem eigenen Herzen weissagen: Höret des HERRN Wort!
3 So spricht der HERR HERR: Weh den tollen Propheten, die ihrem eigenen Geist folgen und haben keine Gesichte!
4 O Israel, deine Propheten sind wie die Füchse in den Wüsten!
5 Sie treten nicht vor die Lücken und machen sich nicht zur Hürde um das Haus Israel und stehen nicht im Streit am Tage des HERRN.
6 Ihr Gesicht ist nichts, und ihr Weissagen ist eitel Lügen. Sie sprechen: "Der HERR hat's gesagt", so sie doch der HERR nicht gesandt hat, und warten, daß ihr Wort bestehe.
7 Ist's nicht also, daß euer Gesicht ist nichts und euer Weissagen ist eitel Lügen? und ihr sprecht doch: "Der HERR hat's geredet", so ich's doch nicht geredet habe.
8 Darum spricht der HERR HERR also: Weil ihr das predigt, woraus nichts wird, und Lügen weissagt, so will ich an euch, spricht der HERR HERR. [Darum, so spricht Gott der HERR: Weil

ihr Nichtiges geredet und Lüge geschaut habt, darum, seht, gehe ich gegen euch vor! Spruch Gottes des HERRN. (3)]

9 Und meine Hand soll kommen über die Propheten, so das predigen, woraus nichts wird, und Lügen weissagen. Sie sollen in der Versammlung meines Volkes nicht sein und in der Zahl des Hauses Israel nicht geschrieben werden noch ins Land Israels kommen; und ihr sollt erfahren, daß ich der HERR HERR bin.

10 Darum daß sie mein Volk verführen und sagen: "Friede!", so doch kein Friede ist. Das Volk baut die Wand, so tünchen sie dieselbe mit losem Kalk.

11 Sprich zu den Tünchern, die mit losem Kalk tünchen, daß es abfallen wird; denn es wird ein Platzregen kommen und werden große Hagel fallen und ein Windwirbel wird es zerreißen.

12 Siehe, so wird die Wand einfallen. Was gilt's? dann wird man zu euch sagen: Wo ist nun das getünchte, das ihr getüncht habt?

13 So spricht der HERR HERR: Ich will einen Windwirbel reißen lassen in meinem Grimm und einen Platzregen in meinem Zorn und große Hagelsteine im Grimm, die sollen alles umstoßen.

14 Also will ich die Wand umwerfen; die ihr mit losem Kalk getüncht habt, und will sie zu Boden stoßen, daß man ihren Grund sehen soll; so fällt sie, und ihr sollt darin auch umkommen und erfahren, daß ich der HERR sei.

15 Also will ich meinen Grimm vollenden an der Wand und an denen, die sie mit losem Kalk tünchen, und will zu euch sagen: Hier ist weder Wand noch Tüncher.

16 Das sind die Propheten Israels, die Jerusalem weissagen und predigen von Frieden, so doch kein Friede ist, spricht der HERR HERR.

17 Und du, Menschenkind, richte dein Angesicht wider die Töchter in deinem Volk, welche weissagen aus ihrem Herzen, und weissage wider sie

18 und sprich: So spricht der HERR HERR: Wehe euch, die ihr Kissen macht den Leuten unter die Arme und Pfühle (4) zu den Häuptern, beide, Jungen und Alten, die Seelen zu fangen. Wenn ihr nun die Seelen gefangen habt unter meinem Volk, verheißt ihr ihnen das Leben

[Du aber, Menschensohn, tritt gegen die Töchter deines Volkes auf, die sich nach eigenem Gutdünken als 'Prophetinnen' gebärden; sprich dich gegen sie aus und sage: So hat Gott der Herr gesprochen; Wehe den Weibern, die da Binden zusammennähen für alle Handgelenke und Kapuzen in geeigneter Größe anfertigen, um Seelen zu fangen; Seelen fangt ihr mir weg. (5)]

19 und entheiligt mich in meinem Volk um eine Handvoll Gerste und einen Bissen Brot, damit daß ihr die Seelen zum Tode verurteilt, die doch nicht sollten sterben, und verurteilt zum Leben, die doch nicht leben sollten, durch eure Lügen

unter meinem Volk, welches gerne Lügen hört.
20 Darum spricht der HERR HERR: Siehe, ich will an eure Kissen, womit ihr Seelen fangt und vertröstet, und will sie von euren Armen wegreißen und die Seelen, so ihr fangt und vertröstet, losmachen.
21 Und ich will eure Pfühle zerreißen und mein Volk aus eurer Hand erretten, daß ihr sie nicht mehr fangen sollt; und ihr sollt erfahren, daß ich der HERR sei.
22 Darum, daß ihr das Herz der Gerechten fälschlich betrübet, die ich nicht betrübt habe, und habt gestärkt die Hände der Gottlosen, daß sie sich von ihrem bösen Wesen nicht bekehren, damit sie lebendig möchten bleiben:
23 darum sollt ihr nicht mehr unnütze Lehre predigen noch weissagen; sondern ich will mein Volk aus ihren Händen erretten, und ihr sollt erfahren, daß ich der HERR bin.

14. Kapitel

Götzendienerische Frager erhalten keine Antwort von Gott. Das Gericht über Jerusalem kann auch durch die Fürbitte der Frömmsten nicht mehr abgewendet werden.

1 Und es kamen etliche von den Ältesten Israels zu mir und setzten sich vor mir.
2 Da geschah des HERRN Wort zu mir und sprach:

3 Menschenkind, diese Leute hangen mit ihrem Herzen an ihren Götzen und halten an dem Anstoß zu ihrer Missetat; sollte ich denn ihnen antworten, wenn sie mich fragen? [Diese Männer haben ihre Götzen in ihr Herz geschlossen und sie sich als Anstoß zu ihrer Verschuldung vor die Augen gestellt: Sollte ich mich da von ihnen befragen lassen? (6)]
4 Darum rede mit ihnen und sage zu ihnen: So spricht der HERR HERR: Welcher Mensch vom Hause Israel mit dem Herzen an seinen Götzen hängt und hält an dem Anstoß zu seiner Missetat und kommt zum Propheten, dem will ich, der HERR, antworten, wie er verdient hat mit seiner großen Abgötterei,
5 auf daß ich das Haus Israel fasse an ihrem Herzen, darum daß sie alle von mir gewichen sind durch ihre Abgötterei.
6 Darum sollst du zum Hause Israel sagen: So spricht der HERR HERR: Kehret und wendet euch von eurer Abgötterei und wendet euer Angesicht von allen euren Gräueln.
7 Denn welcher Mensch vom Hause Israel oder welcher Fremdling, so in Israel wohnt, von mir weicht und mit seinem Herzen an seinen Götzen hängt und an dem Ärgernis seiner Abgötterei hält und zum Propheten kommt, daß er durch ihn mich frage: dem will ich, der HERR, selbst antworten;
8 und will mein Angesicht wider ihn setzen, daß er soll wüst und zum Zeichen und Sprichwort

werden, und ich will ihn aus meinem Volk ausrotten, daß ihr erfahren sollt, ich sei der HERR.

9 Wo aber ein Prophet sich betören läßt, etwas zu reden, den habe ich, der HERR, betört, und will meine Hand über ihn ausstrecken und ihn aus meinem Volk Israel ausrotten.

10 Also sollen sie beide ihre Missetat tragen; wie die Missetat des Fragers, also soll auch sein die Missetat des Propheten,

11 auf daß das Haus Israel nicht mehr irregehe von mir und sich nicht mehr verunreinige in aller seiner Übertretung; sondern sie sollen mein Volk sein, und ich will ihr Gott sein, spricht der HERR HERR.

12 Und des HERRN Wort geschah zu mir und sprach:

13 Du Menschenkind, wenn ein Land an mir sündigt und dazu mich verschmäht, so will ich meine Hand über dasselbe ausstrecken und den Vorrat des Brotes wegnehmen und will Teuerung hineinschicken, daß ich Menschen und Vieh darin ausrotte.

14 Und wenn dann gleich die drei Männer Noah, Daniel und Hiob darin wären, so würden sie allein ihre eigene Seele erretten durch ihre Gerechtigkeit, spricht der HERR HERR.

15 Und wenn ich böse Tiere in das Land bringen würde, die die Leute aufräumten und es verwüsteten, daß niemand darin wandeln könnte vor den Tieren,

16 und diese drei Männer wären auch darin: so wahr ich lebe, spricht der HERR HERR, sie würden weder Söhne noch Töchter erretten, sondern allein sich selbst, und das Land müßte öde werden.

17 Oder ob ich das Schwert kommen ließe über das Land und spräche: Schwert, fahre durch das Land! und würde also Menschen und Vieh ausrotten,

18 und die drei Männer wären darin: so wahr ich lebe, spricht der HERR HERR, sie würden weder Söhne noch Töchter erretten, sondern sie allein würden errettet sein.

19 Oder so ich Pestilenz in das Land schicken und meinen Grimm über dasselbe ausschütten würde mit Blutvergießen, also daß ich Menschen und Vieh ausrottete,

20 und Noah, Daniel und Hiob wären darin: so wahr ich lebe, spricht der HERR HERR, würden sie weder Söhne noch Töchter, sondern allein ihre eigene Seele durch ihre Gerechtigkeit erretten.

21 Denn so spricht der HERR HERR: So ich meine vier bösen Strafen, als Schwert, Hunger, böse Tiere und Pestilenz, über Jerusalem schicken werde, daß ich darin ausrotte Menschen und Vieh,

22 siehe, so sollen etliche übrige darin davonkommen, die herausgebracht werden, Söhne und Töchter, und zu euch herkommen, daß ihr sehen werdet ihr Wesen und Tun und

euch trösten über dem Unglück, das ich über Jerusalem habe kommen lassen samt allem andern, was ich über sie habe kommen lassen.

23 Sie werden euer Trost sein, wenn ihr sehen werdet ihr Wesen und Tun; und ihr werdet erfahren, daß ich nicht ohne Ursache getan habe, was ich darin getan habe, spricht der HERR HERR.

15. Kapitel

Das nutzlose Rebholz.

1 Und des HERRN Wort geschah zu mir und sprach:
2 Du Menschenkind, was ist das Holz vom Weinstock vor anderm Holz oder eine Rebe vor anderm Holz im Walde?
3 Nimmt man es auch und macht etwas daraus? Macht man auch nur einen Nagel daraus, daran man etwas hängen kann?
4 Siehe, man wirft sie ins Feuer, daß es verzehrt wird, daß das Feuer seine beiden Enden verzehrt und sein Mittles versengt; wozu sollte es nun taugen?
5 Siehe, da es noch ganz war, konnte man nichts daraus machen; wie viel weniger kann nun hinfort etwas daraus gemacht werden, so es das Feuer verzehrt und versengt hat!

6 Darum spricht der HERR HERR: Gleichwie ich das Holz vom Weinstock vor anderm Holz im Walde dem Feuer zu verzehren gebe, also will ich mit den Einwohnern zu Jerusalem auch umgehen

7 und will mein Angesicht wider sie setzen, daß das Feuer sie fressen soll, ob sie schon aus dem Feuer herausgekommen sind. Und ihr sollt's erfahren, daß ich der HERR bin, wenn ich mein Angesicht wider sie setze

8 und das Land wüst mache, darum daß sie mich verschmähen, spricht der HERR HERR.

16. Kapitel

Jerusalems Untreue, Strafe und Wiederannahme.

1 Und des HERRN Wort geschah zu mir und sprach:

2 Du Menschenkind, offenbare der Stadt Jerusalem ihre Gräuel und sprich:

3 So spricht der HERR HERR zu Jerusalem: Dein Geschlecht und deine Geburt ist aus der Kanaaniter Lande, dein Vater aus den Amoritern und deine Mutter aus den Hethitern.

4 Deine Geburt ist also gewesen: Dein Nabel, da du geboren wurdest, ist nicht verschnitten; so hat man dich auch nicht in Wasser gebadet, daß du sauber würdest, noch mit Salz abgerieben noch in Windeln gewickelt.

5 Denn niemand jammerte dein, daß er sich über dich hätte erbarmt und der Stücke eins dir erzeigt, sondern du wurdest aufs Feld geworfen. Also verachtet war deine Seele, da du geboren warst.

6 Ich aber ging vor dir vorüber und sah dich in deinem Blut liegen und sprach zu dir, da du so in deinem Blut lagst: Du sollst leben!

7 Und habe dich erzogen und lassen groß werden wie ein Gewächs auf dem Felde; und warst nun gewachsen und groß und schön geworden. Deine Brüste waren gewachsen und hattest schon lange Haare; aber du warst noch nackt und bloß.

8 Und ich ging vor dir vorüber und sah dich an; und siehe, es war die Zeit, um dich zu werben. Da breitete ich meinen Mantel über dich und bedeckte deine Blöße. Und ich gelobte dir's und begab mich mit dir in einen Bund, spricht der HERR HERR, daß du solltest mein sein.

9 Und ich badete dich im Wasser und wusch dich von all deinem Blut und salbte dich mit Balsam

10 und kleidete dich mit gestickten Kleidern und zog dir Schuhe von feinem Leder an; ich gab dir köstliche leinene Kleider und seidene Schleier

11 und zierte dich mit Kleinoden und legte dir Geschmeide an deine Arme und Kettlein an deinen Hals

12 und gab dir ein Haarband an deine Stirn und Ohrenringe an deine Ohren und eine schöne Krone auf dein Haupt.

13 So warst du geziert mit eitel Gold und Silber und gekleidet mit eitel Leinwand, Seide und Gesticktem. Du aßest auch eitel Semmel, Honig und Öl und warst überaus schön und bekamst das Königreich.

14 Und dein Ruhm erscholl unter die Heiden deiner Schöne halben, welche ganz vollkommen war durch den Schmuck, so ich an dich gehängt hatte, spricht der HERR HERR.

15 Aber du verließest dich auf deine Schöne; und weil du so gerühmt warst, triebst du Hurerei, also daß du dich einem jeglichen, wer vorüberging, gemein machtest und tatest seinen Willen.

16 Und nahmst von deinen Kleidern und machtest dir bunte Altäre daraus und triebst deine Hurerei darauf, wie nie geschehen ist noch geschehen wird.

17 Du nahmst auch dein schönes Gerät, das ich dir von meinem Gold und Silber gegeben hatte, und machtest dir Mannsbilder daraus und triebst deine Hurerei mit ihnen.

18 Und nahmst deine bestickten Kleider und bedecktest sie damit und mein Öl und Räuchwerk legtest du ihnen vor.

19 Meine Speise, die ich dir zu essen gab, Semmel, Öl, Honig, legtest du ihnen vor zum

süßen Geruch. Ja es kam dahin, spricht der HERR HERR,

20 daß du nahmst deine Söhne und Töchter, die du mir geboren hattest, und opfertest sie denselben zu fressen. Meinst du denn, daß es ein Geringes sei um deine Hurerei,

21 daß du meine Kinder schlachtest und läßt sie denselben verbrennen?

22 Und in allen deinen Gräueln und Hurerei hast du nie gedacht an die Zeit deiner Jugend, wie bloß und nackt du warst und in deinem Blut lagst.

23 Über alle diese deine Bosheit (ach weh dir, weh dir! spricht der HERR HERR)

24 bautest du dir Götzenkapellen und machtest dir Altäre auf allen Gassen;

25 und vornan auf allen Straßen bautest du deine Altäre und machtest deine Schöne zu eitel Gräuel; du spreiztest deine Beine gegen alle, so vorübergingen, und triebst große Hurerei.

26 Erstlich triebst du Hurerei mit den Kindern Ägyptens, deinen Nachbarn, die großes Fleisch hatten, und triebst große Hurerei, mich zu reizen.

27 Ich aber streckte meine Hand aus wider dich und brach dir an deiner Nahrung ab und übergab dich in den Willen deiner Feinde, der Töchter der Philister, welche sich schämten vor deinem verruchten Wesen.

28 Darnach triebst du Hurerei mit den Kindern Assur und konntest des nicht satt werden; ja, da

du mit ihnen Hurerei getrieben hattest und des nicht satt werden konntest,

29 machtest du der Hurerei noch mehr bis ins Krämerland Chaldäa; doch konntest du damit auch nicht satt werden.

30 Wie soll ich dir doch dein Herz beschneiden, spricht der HERR HERR, weil du solche Werke tust einer großen Erzhure,

31 damit, daß du deine Götzenkapellen bautest vornan auf allen Straßen und deine Altäre machtest auf allen Gassen? Dazu warst du nicht wie eine andere Hure, die man muß mit Geld kaufen.

32 Du Ehebrecherin, die anstatt ihres Mannes andere zuläßt!

33 Denn allen andern Huren gibt man Geld; du aber gibst allen deinen Buhlern Geld zu und schenkst ihnen, daß sie zu dir kommen allenthalben und mit dir Hurerei treiben.

34 Und findet sich an dir das Widerspiel vor andern Weibern mit deiner Hurerei, weil man dir nicht nachläuft, sondern du Geld zugibst, und man dir nicht Geld zugibt; also treibst du das Widerspiel.

35 Darum, du Hure, höre des HERRN Wort!

36 So spricht der HERR HERR: Weil du denn so milde Geld zugibst und deine Blöße durch deine Hurerei gegen deine Buhlen aufdeckst und gegen alle Götzen deiner Gräuel und vergießt das Blut deiner Kinder, welche du ihnen opferst:

37 darum, siehe, will ich sammeln alle deine Buhlen, welchen du wohl gefielst, samt allen, die du für deine Freunde hältst, zu deinen Feinden und will sie beide wider dich sammeln allenthalben und will ihnen deine Blöße aufdecken, daß sie deine Blöße ganz sehen sollen.

38 Und will das Recht der Ehebrecherinnen und Blutvergießerinnen über dich gehen und dein Blut vergießen lassen mit Grimm und Eifer.

39 Und will dich in ihre Hände geben, daß sie deine Kapellen abbrechen und deine Altäre umreißen und dir deine Kleider ausziehen und dein schönes Gerät dir nehmen und dich nackt und bloß sitzen lassen.

40 Und sie sollen Haufen Leute über dich bringen, die dich steinigen und mit ihren Schwertern zerhauen

41 und deine Häuser mit Feuer verbrennen und dir dein Recht tun vor den Augen vieler Weiber. Also will ich deiner Hurerei ein Ende machen, daß du nicht mehr sollst Geld noch zugeben,

42 und will meinen Mut an dir kühlen und meinen Eifer an dir sättigen, daß ich ruhe und nicht mehr zürnen müsse.

43 Darum daß du nicht gedacht hast an die Zeit deiner Jugend, sondern mich mit diesem allem gereizt, darum will ich auch dir all dein Tun auf den Kopf legen, spricht der HERR HERR, wiewohl ich damit nicht getan habe nach dem Laster in deinen Gräueln.

44 Siehe, alle die, so Sprichwort pflegen zu üben, werden von dir dies Sprichwort sagen: "Die Tochter ist wie die Mutter."
45 Du bist deiner Mutter Tochter, welche Mann und Kinder von sich stößt, und bist eine Schwester deiner Schwestern, die ihre Männer und Kinder von sich stoßen. Eure Mutter ist eine von den Hethitern und euer Vater ein Amoriter.
46 Samaria ist deine große Schwester mit ihren Töchtern, die dir zur Linken wohnt; und Sodom ist deine kleine Schwester mit ihren Töchtern, die dir zur Rechten wohnt;
47 wiewohl du dennoch nicht gelebt hast nach ihrem Wesen noch getan nach ihren Gräueln. Es fehlt nicht viel, daß du es ärger gemacht hast denn sie, in allem deinem Wesen.
48 So wahr ich lebe, spricht der HERR HERR, Sodom, deine Schwester, samt ihren Töchtern hat nicht so getan wie du und deine Töchter.
49 Siehe, das war deiner Schwester Sodom Missetat: Hoffart und alles vollauf und guter Friede, den sie und ihre Töchter hatten; aber den Armen und Dürftigen halfen sie nicht,
50 sondern waren stolz und taten Gräuel vor mir; darum ich sie auch weggetan habe, da ich begann, dareinzusehen.
51 So hat auch Samaria nicht die Hälfte deiner Sünden getan; sondern du hast deiner Gräuel so viel mehr als sie getan, daß du deine Schwester fromm gemacht hast gegen alle deine Gräuel die du getan hast.

52 So trage auch nun deine Schande, die du deiner Schwester zuerkannt hast. Durch deine Sünden, in welchen du größere Gräuel denn sie getan hast, machst du sie frömmer, denn du bist. So sei nun auch du schamrot und trage deine Schande, daß du deine Schwester fromm gemacht hast.

53 Ich will aber ihr Gefängnis wenden, nämlich das Gefängnis dieser Sodom und ihrer Töchter und das Gefängnis dieser Samaria und ihrer Töchter und das Gefängnis deiner Gefangenen samt ihnen,

54 daß du tragen mußt deine Schande und dich schämst alles dessen, was du getan hast ihnen zum Troste. [auf daß du deine Schmach trägst und dich alles dessen schämst, was du verübt hast, indem du ihnen dadurch Trost verschafftest. (7)]

55 Und deine Schwestern, diese Sodom und ihre Töchter, sollen wieder werden, wie sie zuvor gewesen sind, und Samaria und ihre Töchter sollen wieder werden, wie sie zuvor gewesen sind; dazu auch du und deine Töchter sollt wieder werden, wie ihr zuvor gewesen seid.

56 Und wirst nicht mehr die Sodom, deine Schwester rühmen wie zur Zeit deines Hochmuts,

57 da deine Bosheit noch nicht aufgedeckt war wie zur Zeit, da dich die Töchter Syriens und die

Töchter der Philister allenthalben schändeten und verachteten dich um und um,

58 da ihr mußtet eure Laster tragen, spricht der HERR.

59 Denn also spricht der HERR HERR: Ich will dir tun wie du getan hast, daß du den Eid verachtest und brichst den Bund.

60 Ich will aber gedenken an meinen Bund, den ich mit dir gemacht habe zur Zeit deiner Jugend, und will mit dir einen ewigen Bund aufrichten.

61 Da wirst du an deine Wege gedenken und dich schämen, wenn du deine großen und kleinen Schwestern zu dir nehmen wirst, die ich dir zu Töchtern geben werde, aber nicht aus deinem Bund.

62 Sondern ich will meinen Bund mit dir aufrichten, daß du erfahren sollst, daß ich der HERR sei,

63 auf daß du daran gedenkst und dich schämst und vor Schande nicht mehr deinen Mund auftun dürfest, wenn ich dir alles vergeben werde, was du getan hast, spricht der HERR HERR.

17. Kapitel

Rätselwort von der Gegenwart und Zukunft des Hauses David.

1 Und des HERRN Wort geschah zu mir und sprach:

2 Du Menschenkind, lege doch dem Hause Israel ein Rätsel vor und ein Gleichnis

3 und sprich: So spricht der HERR HERR: Ein großer Adler mit großen Flügeln und langen Fittichen und voll Federn, die bunt waren, kam auf den Libanon und nahm den Wipfel von der Zeder

4 und brach das oberste Reis ab und führte es ins Krämerland und setzte es in die Kaufmannstadt.

5 Er nahm auch vom Samen des Landes und pflanzte es in gutes Land, da viel Wasser war, und setzte es lose hin.

6 Und es wuchs und ward ein ausgebreiteter Weinstock und niedrigen Stammes; denn seine Reben bogen sich zu ihm, und seine Wurzeln waren unter ihm; und er war also ein Weinstock, der Reben kriegte und Zweige.

7 Und da war ein anderer großer Adler mit großen Flügeln und vielen Federn; und siehe, der Weinstock hatte verlangen an seinen Wurzeln zu diesem Adler und streckte seine Reben aus gegen ihn, daß er gewässert würde, vom Platz, da er gepflanzt war.

8 Und war doch auf einen guten Boden an viel Wasser gepflanzt, da er wohl hätte können Zweige bringen, Früchte tragen und ein herrlicher Weinstock werden.

9 So sprich nun: Also sagt der HERR HERR: Sollte der geraten? Ja, man wird seine Wurzeln ausrotten und seine Früchte abreißen, und er

wird verdorren, daß alle Blätter seines Gewächses verdorren werden; und es wird nicht geschehen durch großen Arm noch viel Volks, daß man ihn von seinen Wurzeln wegführe.

10 Siehe, er ist zwar gepflanzt; aber sollte er geraten? Ja, sobald der Ostwind an ihn rühren wird, wird er verdorren auf dem Platz, da er gewachsen ist.

11 Und des HERR Wort geschah zu mir und sprach:

12 Sprich doch zu diesem ungehorsamen Haus: Wißt ihr nicht, was das ist? Und sprich: Siehe, es kam ein König zu Babel gen Jerusalem und nahm ihren König und ihre Fürsten und führte sie weg zu sich gen Babel.

13 Und nahm einen vom königlichen Geschlecht und machte einen Bund mit ihm und nahm einen Eid von ihm; aber die Gewaltigen im Lande nahm er weg,

14 damit das Königreich demütig bliebe und sich nicht erhöbe, auf daß sein Bund gehalten würde und bestünde.

15 Aber derselbe fiel von ihm ab und sandte seine Botschaft nach Ägypten, daß man ihm Rosse und viel Volks schicken sollte. Sollte es dem geraten? Sollte er davonkommen, der solches tut? und sollte der, so den Bund bricht davonkommen?

16 So wahr ich lebe spricht der HERR HERR, an dem Ort des Königs, der ihn zum König gesetzt hat, dessen Eid er verachtet und dessen Bund er

gebrochen hat, da soll er sterben, nämlich zu Babel.

17 Auch wird ihm Pharao nicht beistehen im Kriege mit großem Heer und vielem Volk, wenn man den Wall aufwerfen wird und die Bollwerke bauen, daß viel Leute umgebracht werden.

18 Denn weil er den Eid verachtet und den Bund gebrochen hat, darauf er seine Hand gegeben hat, und solches alles tut, wird er nicht davonkommen.

19 Darum spricht der HERR HERR also; So wahr ich lebe, so will ich meinen Eid, den er verachtet hat, und meinen Bund, den er gebrochen hat, auf seinen Kopf bringen.

20 Denn ich will mein Netz über ihn werfen, und er muß in meinem Garn gefangen werden; und ich will ihn gen Babel bringen und will daselbst mit ihm rechten über dem, daß er sich also an mir vergriffen hat.

21 Und alle seine Flüchtigen, die ihm anhingen, sollen durchs Schwert fallen, und ihre übrigen sollen in alle Winde zerstreut werden; und ihr sollt's erfahren, daß ich, der HERR, es geredet habe.

22 So spricht der HERR HERR: Ich will auch von dem Wipfel des hohen Zedernbaumes nehmen und oben auf seinen Zweigen ein zartes Reis brechen und will's auf einen hohen, erhabenen Berg pflanzen;

23 auf den hohen Berg Israels will ich's pflanzen, daß es Zweige gewinne und Früchte

bringe und ein herrlicher Zedernbaum werde, also daß allerlei Vögel unter ihm wohnen und allerlei Fliegendes unter dem Schatten seiner Zweige bleiben möge.

24 Und sollen alle Feldbäume erfahren, daß ich, der HERR, den hohen Baum erniedrigt habe und den niedrigen Baum erhöht habe und den grünen Baum ausgedörrt und den dürren Baum grünend gemacht habe. Ich, der HERR, rede es und tue es auch.

18. Kapitel

Jeder soll nur für seine eigene Sache sterben.
Der Herr hat Wohlgefallen
an der Bekehrung des Gottlosen.

1 Und des HERRN Wort geschah zu mir und sprach:
2 Was treibt ihr unter euch im Lande Israel dies Sprichwort und sprecht: "Die Väter haben Herlinge (8) gegessen, aber den Kindern sind die Zähne davon stumpf geworden"?
3 So wahr als ich lebe, spricht der HERR HERR, solches Sprichwort soll nicht mehr unter euch gehen in Israel.
4 Denn siehe, alle Seelen sind mein; des Vaters Seele ist sowohl mein als des Sohnes Seele. Welche Seele sündigt, die soll sterben.

5 Wenn nun einer fromm ist, der recht und wohl tut,

6 der auf den Bergen nicht isset, der seine Augen nicht aufhebt zu den Götzen des Hauses Israel und seines Nächsten Weib nicht befleckt und liegt nicht bei der Frau in ihrer Krankheit,

7 der niemand beschädigt, der dem Schuldner sein Pfand wiedergibt, der niemand etwas mit Gewalt nimmt, der dem Hungrigen sein Brot mitteilt und den Nackten kleidet,

8 der nicht wuchert, der nicht Zins nimmt, der seine Hand vom Unrechten kehrt, der zwischen den Leuten recht urteilt,

9 der nach meinen Rechten wandelt und meine Gebote hält, daß er ernstlich darnach tue: das ist ein frommer Mann, der soll das leben haben, spricht der HERR HERR.

10 Wenn er aber einen Sohn zeugt, und derselbe wird ein Mörder, der Blut vergießt oder dieser Stücke eins tut,

11 und der andern Stücke keins tut, sondern auf den Bergen isset und seines Nächsten Weib befleckt,

12 die Armen und Elenden beschädigt, mit Gewalt etwas nimmt, das Pfand nicht wiedergibt, seine Augen zu den Götzen aufhebt und einen Gräuel begeht,

13 auf Wucher gibt, Zins nimmt: sollte der Leben? Er soll nicht leben, sondern weil er solche Gräuel alle getan hat, soll er des Todes sterben; sein Blut soll auf ihm sein.

14 Wo er aber einen Sohn zeugt, der solche Sünden sieht, so sein Vater tut, und sich fürchtet und nicht also tut,

15 ißt nicht auf den Bergen, hebt seine Augen nicht auf zu den Götzen des Hauses Israel, befleckt nicht seines Nächsten Weib,

16 beschädigt niemand, behält das Pfand nicht, nimmt nicht mit Gewalt etwas, teilt sein Brot mit dem Hungrigen und kleidet den Nackten,

17 der seine Hand vom Unrechten kehrt, keinen Wucher noch Zins nimmt, sondern meine Gebote hält und nach meinen Rechten lebt: der soll nicht sterben um seines Vaters Missetat willen, sondern leben.

18 Aber sein Vater, der Gewalt und Unrecht geübt hat und unter seinem Volk getan hat, was nicht taugt, siehe, der soll sterben um seiner Missetat willen.

19 So sprecht ihr: Warum soll denn ein Sohn nicht tragen seines Vaters Missetat? Darum daß er recht und wohl getan und alle meine Rechte gehalten und getan hat, soll er leben.

20 Denn welche Seele sündigt, die soll sterben. Der Sohn soll nicht tragen die Missetat des Vaters [ein Sohn soll die Schuld des Vaters nicht mittragen (9)], und der Vater soll nicht tragen die Missetat des Sohnes; sondern des Gerechten Gerechtigkeit soll über ihm sein.

21 Wo sich aber der Gottlose bekehrt von allen seinen Sünden, die er getan hat, und hält alle

meine Rechte und tut recht und wohl, so soll er leben und nicht sterben.
22 Es soll aller seiner Übertretung, so er begangen hat, nicht gedacht werden; sondern er soll leben um der Gerechtigkeit willen, die er tut.
23 Meinest du, daß ich Gefallen habe am Tode des Gottlosen, spricht der HERR, und nicht vielmehr, daß er sich bekehre von seinem Wesen und lebe?
24 Und wo sich der Gerechte kehrt von seiner Gerechtigkeit und tut Böses und lebt nach all den Gräueln, die ein Gottloser tut, sollte der leben? Ja, aller seiner Gerechtigkeit, die er getan hat, soll nicht gedacht werden; sondern in seiner Übertretung und Sünde, die er getan hat, soll er sterben.
25 Doch sprecht ihr: Der HERR handelt nicht recht. So hört nun, ihr vom Hause Israel: Ist's nicht also, daß ich recht habe und ihr unrecht habt?
26 Denn wenn der Gerechte sich kehrt von seiner Gerechtigkeit und tut Böses, so muß er sterben; er muß aber um seiner Bosheit willen, die er getan hat, sterben.
27 Wiederum, wenn der Gottlose kehrt von seiner Ungerechtigkeit, die er getan hat, und tut nun recht und wohl, der wird seine Seele lebendig erhalten.
28 Denn weil er sieht und bekehrt sich von aller

Bosheit, die er getan hat, so soll er leben und nicht sterben.
29 Doch sprechen die vom Hause Israel: Der HERR handelt nicht recht. Sollte ich Unrecht haben? Ihr vom Hause Israel habt unrecht.
30 Darum will ich euch richten, ihr vom Hause Israel, einen jeglichen nach seinem Wesen, spricht der HERR HERR. Darum, so bekehrt euch von aller Übertretung, auf daß ihr nicht fallen müsset um der Missetat willen.
31 Werfet von euch alle eure Übertretung, damit ihr übertreten habt, und machet euch ein neues Herz und einen neuen Geist. Denn warum willst du sterben, du Haus Israel?
32 Denn ich habe keinen Gefallen am Tode des Sterbenden, spricht der HERR HERR. Darum bekehrt euch, so werdet ihr leben.

19. Kapitel

Israel eine trauernde Löwin.
Ein verstörter Weinstock.

1 Du aber mache eine Wehklage über die Fürsten Israels
2 und sprich: Warum liegt deine Mutter, die Löwin, unter den Löwen und erzieht ihre Jungen unter den Löwen?
3 Deren eines zog sie auf, und ward ein junger

Löwe daraus, der gewöhnte sich, die Leute zu zerreißen und zu fressen.

4 Da das die Heiden von ihm hörten [Da hörten Nationen von ihm (10) Da bot man Nationen gegen ihn auf (11)], fingen sie ihn in ihren Gruben und führten ihn an Ketten nach Ägyptenland. [Da hörten die Heiden von ihm, und er wurde in ihrer Grube gefangen, und sie führten ihn an Nasenringen in das Land Ägypten. (12)]

5 Da nun die Mutter sah, daß ihre Hoffnung verloren war, da sie lange gehofft hatte, nahm sie ein anderes aus ihren Jungen heraus und machte einen jungen Löwen daraus.

6 Da er unter den Löwen wandelte ward er ein junger Löwe; der gewöhnte sich auch, die Leute zu zerreißen und zu fressen.

7 Er verderbte ihre Paläste und verwüstete ihre Städte, daß das Land und was darin ist, vor der Stimme seines Brüllens sich entsetzte.

8 Da legten sich die Heiden aus allen Ländern ringsumher und warfen ein Netz über ihn und fingen ihn in ihren Gruben

9 und stießen ihn gebunden in einen Käfig und führten ihn zum König zu Babel; und man ließ ihn verwahren, daß seine Stimme nicht mehr gehört würde auf den Bergen Israels.

10 Deine Mutter war wie ein Weinstock, gleich wie du am Wasser gepflanzt; und seine Frucht und Reben wuchsen von dem großen Wasser,

11 daß seine Reben so stark wurden, daß sie zu Herrenzeptern gut waren, und er ward hoch unter den Reben. Und da man sah, daß er so hoch war und viel Reben hatte,

12 ward er mit Grimm ausgerissen und zu Boden geworfen; der Ostwind verdorrte seine Frucht, und seine starken Reben wurden zerbrochen, daß sie verdorrten und verbrannt wurden.

13 Nun aber ist er gepflanzt in der Wüste, in einem dürren, durstigen Lande,

14 und ist ein Feuer ausgegangen von seinen starken Reben, das verzehrte seine Frucht, daß in ihm keine starke Rebe mehr ist zu einem Herrenzepter, das ist ein kläglich und jämmerlich Ding.

V.
Dritte Reihe von Drohweissagungen und Strafreden gegen Jerusalem und Juda

20. Kapitel
Israels Ungehorsam in Vergangenheit und Gegenwart. Gericht und Verheißung.

1 Und es begab sich im siebenten Jahr, am zehnten Tage des fünften Monats, kamen etliche aus den Ältesten Israels, den HERRN zu fragen, und setzten sich vor mir nieder.
2 Da geschah des HERRN Wort zu mir und sprach:
3 Du Menschenkind, sage den Ältesten Israels und sprich zu ihnen: So spricht der HERR HERR: Seid ihr gekommen, mich zu fragen? So wahr ich lebe, ich will von euch ungefragt sein, spricht der HERR HERR.
4 Aber willst du sie strafen, du Menschenkind, so magst du sie also strafen: zeige ihnen an die Gräuel ihrer Väter
5 und sprich zu ihnen: So spricht der HERR HERR: Zu der Zeit, da ich Israel erwählte, erhob ich meine Hand zu dem Samen des Hauses

Jakob und gab mich ihnen zu erkennen in Ägyptenland. Ja, ich erhob meine Hand zu ihnen und sprach: Ich bin der HERR, euer Gott.

6 Ich erhob aber zur selben Zeit meine Hand, daß ich sie führte aus Ägyptenland in ein Land, das ich ihnen ersehen hatte, das mit Milch und Honig fließt, ein edles Land vor allen Ländern,

7 und sprach zu ihnen: Ein jeglicher werfe weg die Gräuel vor seinen Augen, und verunreinigt euch nicht an den Götzen Ägyptens! denn ich bin der HERR, euer Gott.

8 Sie aber waren mir ungehorsam und wollten nicht gehorchen und warf ihrer keiner weg die Gräuel vor seinen Augen und verließen die Götzen Ägyptens nicht. Da dachte ich meinem Grimm über sie auszuschütten und all mein Zorn über sie gehen zu lassen noch in Ägyptenland.

9 Aber ich ließ es um meines Namens willen, daß er nicht entheiligt würde vor den Heiden, unter denen sie waren und vor denen ich mich ihnen hatte zu erkennen gegeben, daß ich sie aus Ägyptenland führen wollte.

10 Und da ich sie aus Ägyptenland geführt hatte und in die Wüste gebracht,

11 gab ich ihnen meine Gebote und lehrte sie meine Rechte, durch welche lebt der Mensch, der sie hält.

12 Ich gab ihnen auch meine Sabbate zum Zeichen zwischen mir und ihnen, damit sie lernten, daß ich der HERR sei, der sie heiligt.

13 Aber das Haus Israel war mir ungehorsam auch in der Wüste und lebten nicht nach meinen Geboten und verachteten meine Rechte, durch welche der Mensch lebt, der sie hält, und entheiligten meine Sabbate sehr. Da gedachte ich meinem Grimm über sie auszuschütten in der Wüste und sie ganz umzubringen.

14 Aber ich ließ es um meines Namens willen, auf daß er nicht entheiligt würde vor den Heiden, vor welchen ich sie hatte ausgeführt.

15 Und ich hob auch meine Hand auf wider sie in der Wüste, daß ich sie nicht wollte bringen in das Land, so ich ihnen gegeben hatte, das mit Milch und Honig fließt, ein edles Land vor allen Ländern,

16 darum daß sie meine Rechte verachtet und nach meinen Geboten nicht gelebt und meine Sabbate entheiligt hatten; denn sie wandelten nach den Götzen ihres Herzens.

17 Aber mein Auge verschonte sie, daß ich sie nicht verderbte noch ganz umbrächte in der Wüste.

18 Und ich sprach zu ihren Kindern in der Wüste: Ihr sollt nach eurer Väter Geboten nicht leben und ihre Rechte nicht halten und an ihren Götzen euch nicht verunreinigen.

19 Denn ich bin der HERR, euer Gott; nach meinen Geboten sollt ihr leben, und meine Rechte sollt ihr halten und darnach tun;

20 und meine Sabbate sollt ihr heiligen, daß sie

seien ein Zeichen zwischen mir und euch, damit ihr wisset, das ich der HERR, euer Gott bin.

21 Aber die Kinder waren mir auch ungehorsam, lebten nach meinen Geboten nicht, hielten auch meine Rechte nicht, daß sie darnach täten, durch welche der Mensch lebt, der sie hält, und entheiligten meine Sabbate. Da gedachte ich, meinen Grimm über sie auszuschütten und allen meinen Zorn über sie gehen lassen in der Wüste.

22 Ich wandte aber meine Hand und ließ es um meines Namens willen, auf daß er nicht entheiligt würde vor den Heiden, vor welchen ich sie hatte ausgeführt.

23 Ich hob auch meine Hand auf wider sie in der Wüste, daß ich sie zerstreute unter die Heiden und zerstäubte in die Länder,

24 darum daß sie meine Geboten nicht gehalten und meine Rechte verachtet und meine Sabbate entheiligt hatten und nach den Götzen ihrer Väter sahen.

25 Darum übergab ich sie in die Lehre, die nicht gut ist, und in Rechte, darin sie kein Leben konnten haben,

26 und ließ sie unrein werden durch ihre Opfer, da sie alle Erstgeburt durchs Feuer gehen ließen, damit ich sie verstörte und sie lernen mußten, daß ich der HERR sei.

27 Darum rede, du Menschenkind, mit dem Hause Israel und sprich zu ihnen: So spricht der

HERR HERR: Eure Väter haben mich noch weiter gelästert und mir getrotzt.

28 Denn da ich sie in das Land gebracht hatte, über welches ich meine Hand aufgehoben hatte, daß ich's ihnen gäbe: wo sie einen hohen Hügel oder dichten Baum ersahen, daselbst opferten sie ihre Opfer und brachten dahin ihre verdrießlichen Gaben und räucherten daselbst ihren süßen Geruch und gossen daselbst ihre Trankopfer.

29 Ich aber sprach zu ihnen: Was soll doch die Höhe, dahin ihr geht? Und also heißt sie bis auf diesen Tag "die Höhe".

30 Darum sprich zum Hause Israel: So spricht der HERR HERR: Ihr verunreinigt euch in dem Wesen eurer Väter und treibt Abgötterei mit ihren Gräueln

31 und verunreinigt euch an euren Götzen, welchen ihr eure Gaben opfert und eure Söhne und Töchter durchs Feuer gehen laßt, bis auf den heutigen Tag; und ich sollte mich von euch, Haus Israel, fragen lassen? So wahr ich lebe, spricht der HERR HERR, ich will von euch ungefragt sein.

32 Dazu, was ihr gedenkt: "Wir wollen tun wie die Heiden und wie andere Leute in den Ländern: Holz und Stein anbeten", das soll euch fehlschlagen.

33 So wahr ich lebe, spricht der HERR HERR, ich will über euch herrschen mit starker Hand

und ausgestrecktem Arm und mit ausgeschüttetem Grimm

34 und will euch aus den Völkern führen und aus den Ländern, dahin ihr verstreut seid, sammeln mit starker Hand und mit ausgestrecktem Arm und mit ausgeschüttetem Grimm,

35 und will euch bringen in die Wüste der Völker und daselbst mit euch rechten von Angesicht zu Angesicht.

36 Wie ich mit euren Vätern in der Wüste bei Ägypten gerechtet habe, ebenso will ich auch mit euch rechten, spricht der HERR HERR.

37 Ich will euch wohl unter die Rute bringen und euch in die Bande des Bundes zwingen

38 und will die Abtrünnigen und so wider mich übertreten, unter euch ausfegen; ja, aus dem Lande, da ihr jetzt wohnt, will ich sie führen und ins Land Israel nicht kommen lassen, daß ihr lernen sollt, ich sei der HERR.

39 Darum, ihr vom Hause Israel, so spricht der HERR HERR: Weil ihr denn mir ja nicht wollt gehorchen, so fahrt hin und diene ein jeglicher seinen Götzen; aber meinen heiligen Namen laßt hinfort ungeschändet mit euren Opfern und Götzen.

40 Denn so spricht der HERR HERR: Auf meinem heiligen Berge, auf dem hohen Berge Israel, daselbst wird mir das ganze Haus Israel, alle die im Lande sind, dienen; daselbst werden sie mir angenehm sein, und daselbst will ich

eure Hebopfer und Erstlinge eurer Opfer fordern mit allem, was ihr mir heiligt.

41 Ihr werdet mir angenehm sein mit dem süßen Geruch, wenn ich euch aus den Völkern bringen und aus den Ländern sammeln werde, dahin ihr verstreut seid, und werde in euch geheiligt werden vor den Heiden.
42 Und ihr werdet erfahren, daß ich der HERR bin, wenn ich euch ins Land Israel gebracht habe, in das Land, darüber ich meine Hand aufhob, daß ich's euren Vätern gäbe.
43 Daselbst werdet ihr gedenken an euer Wesen und an all euer Tun, darin ihr verunreinigt seid, und werdet Mißfallen haben über eure eigene Bosheit, die ihr getan habt.
44 Und werdet erfahren, daß ich der HERR bin, wenn ich mit euch tue um meines Namens willen und nicht nach eurem bösen Wesen und schädlichen Tun, du Haus Israel, spricht der HERR HERR.

21. Kapitel

*Schwert der Chaldäer
wider die Juden und Ammoniter.*

1 Und des HERRN Wort geschah zu mir und sprach:
2 Du Menschenkind, richte dein Angesicht gegen den Südwind zu und predige gegen den

Mittag und weissage wider den Wald im Felde gegen Mittag.

3 Und sprich zum Walde gegen Mittag: Höre des HERRN Wort! So spricht der HERR HERR: Siehe, ich will in dir ein Feuer anzünden, das soll beide, grüne und dürre Bäume, verzehren, daß man seine Flamme nicht wird löschen können; sondern es soll verbrannt werden alles, was vom Mittag gegen Mitternacht steht.

4 Und alles Fleisch soll sehen, daß ich, der HERR, es angezündet habe und niemand löschen kann.

5 Und ich sprach: Ach HERR HERR, sie sagen von mir: Dieser redet eitel Rätselworte.

6 Und des HERRN Wort geschah zu mir und sprach:

7 Du Menschenkind, richte dein Angesicht wider Jerusalem und predige wider die Heiligtümer und weissage wider das Land Israel

8 und sprich zum Lande Israel: So spricht der HERR HERR: Siehe, ich will an dich; ich will mein Schwert aus der Scheide ziehen und will in dir ausrotten beide, Gerechte und Ungerechte.

9 Weil ich denn in dir Gerechte und Ungerechte ausrotte, so wird mein Schwert aus der Scheide fahren über alles Fleisch, von Mittag her bis gen Mitternacht.

10 Und soll alles Fleisch erfahren, daß ich, der HERR, mein Schwert habe aus der Scheide gezogen; und es soll nicht wieder eingesteckt werden.

11 Und du, Menschenkind, sollst seufzen, bis dir die Lenden weh tun, ja, bitterlich sollst du seufzen, daß sie es sehen.
12 Und wenn sie zu dir sagen werden: Warum seufzest du? sollst du sagen: Um des Geschreis willen, das da kommt, vor welchem alle Herzen verzagen, und alle Hände sinken, aller Mut fallen und alle Kniee so ungewiß stehen werden wie Wasser. Siehe, es kommt und wird geschehen, spricht der HERR HERR.
13 Und des HERRN Wort geschah zu mir und sprach:
14 Du Menschenkind, weissage und sprich: So spricht der HERR: Sprich: Das Schwert, ja, das Schwert ist geschärft und gefegt.
15 Es ist geschärft, daß es schlachten soll; es ist gefegt, daß es blinken soll. O wie froh wollten wir sein, wenn er gleich alle Bäume zu Ruten machte über die bösen Kinder!
16 Aber er hat ein Schwert zu fegen gegeben, daß man es fassen soll; es ist geschärft und gefegt, daß man's dem Totschläger in die Hand gebe.
17 Schreie und heule, du Menschenkind; denn es geht über mein Volk und über alle Regenten in Israel, die dem Schwert samt meinem Volk verfallen sind. Darum schlage auf deine Lenden.
18 Denn er hat sie oft gezüchtigt; was hat's geholfen? Es will der bösen Kinder Rute nicht helfen, spricht der HERR HERR. [Denn es ist eine Prüfung; und wie ginge es, wenn das Zepter, das

verachtet, nicht wäre?, spricht GOTT, der Herr. (13)]

19 Und du, Menschenkind, weissage und schlage deine Hände zusammen. Denn das Schwert wird zweifach, ja dreifach kommen, ein Würgeschwert, ein Schwert großer Schlacht, das sie auch treffen wird in den Kammern, dahin sie fliehen.

20 Ich will das Schwert lassen klingen, daß die Herzen verzagen und viele fallen sollen an allen ihren Toren. Ach, wie glänzt es und haut daher zur Schlacht!

21 Haue drein, zur Rechten und Linken, was vor dir ist!

22 Da will ich dann mit meinen Händen darob frohlocken und meinen Zorn gehen lassen. Ich, der HERR, habe es gesagt.

23 Und des HERRN Wort geschah zu mir und sprach:

24 Du Menschenkind, mache zwei Wege, durch welche kommen soll das Schwert des Königs zu Babel; sie sollen aber alle beide aus einem Lande gehen.

25 Und stelle ein Zeichen vorn an den Weg zur Stadt, dahin es weisen soll; und mache den Weg, daß das Schwert komme gen Rabba der Kinder Ammon und nach Juda, zu der festen Stadt Jerusalem.

26 Denn der König zu Babel wird sich an die Wegscheide stellen, vorn an den zwei Wegen, daß er sich wahrsagen lasse, mit den Pfeilen das

Los werfe, seinen Abgott frage und schaue die Leber an.

27 Und die Wahrsagung wird auf die rechte Seite gen Jerusalem deuten, daß er solle Sturmböcke hinanführen lassen und Löcher machen und mit großem Geschrei sie überfalle und morde, und daß er Böcke führen soll wider die Tore und da Wall aufschütte und Bollwerk baue.

28 Aber es wird sie solches Wahrsagen falsch dünken, er schwöre, wie teuer er will. Er aber wird denken an die Missetat, daß er sie gewinne.

29 Darum spricht der HERR HERR also: Darum daß euer gedacht wird um eure Missetat und euer Ungehorsam offenbart ist, daß man eure Sünden sieht in allem eurem Tun, ja, darum daß euer gedacht wird, werdet ihr mit Gewalt gefangen werden.

30 Und du, Fürst in Israel, der du verdammt und verurteilt bist, dessen Tag daherkommen wird, wenn die Missetat zum Ende gekommen ist,

31 so spricht der HERR HERR: Tue weg den Hut und hebe ab die Krone! Denn es wird weder Hut noch die Krone bleiben; sondern der sich erhöht hat, der soll erniedrigt werden, und der sich erniedrigt, soll erhöht werden.

32 Ich will die Krone zunichte, zunichte, zunichte machen, bis der komme, der sie haben soll; dem will ich sie geben.

33 Und du, Menschenkind, weissage und sprich: So spricht der HERR HERR von den Kindern Ammon und von ihrem Schmähen; und sprich: Das Schwert, das Schwert ist gezückt, daß es schlachten soll; es ist gefegt, daß es würgen soll und soll blinken,
34 darum daß du falsche Gesichte dir sagen läßt und Lügen weissagen, damit du auch hingegeben wirst unter die erschlagenen Gottlosen, welchen ihr Tag kam, da die Missetat zum Ende gekommen war.
35 Und ob's schon wieder in die Scheide gesteckt würde, so will ich dich doch richten an dem Ort, da du geschaffen, und in dem Lande, da du geboren bist,
36 und will meinen Zorn über dich schütten; ich will das Feuer meines Grimmes über dich aufblasen und will dich Leuten, die brennen und verderben können, überantworten.
37 Du mußt dem Feuer zur Speise werden, und dein Blut muß im Lande vergossen werden, und man wird dein nicht mehr gedenken; denn ich, der HERR, habe es geredet.

22. Kapitel

Sünden Jerusalems und ihre Strafen.

1 Und des HERRN Wort geschah zu mir und sprach:

2 Du Menschenkind, willst du nicht strafen die mörderische Stadt und ihr anzeigen alle ihre Gräuel?

3 Sprich: So spricht der HERR HERR: O Stadt, die du der Deinen Blut vergießest, auf daß deine Zeit komme, und die du Götzen bei dir machst, dadurch du dich verunreinigst!

4 Du verschuldest dich an dem Blut, das du vergießt, und verunreinigst dich an den Götzen, die du machst; damit bringst du deine Tage herzu und machst, daß deine Jahre kommen müssen. Darum will ich dich zum Spott unter den Heiden und zum Hohn in allen Ländern machen.

5 In der Nähe und in der Ferne sollen sie dein spotten, daß du ein schändlich Gerücht haben und großen Jammer leiden müssest.

6 Siehe, die Fürsten in Israel, ein jeglicher ist mächtig bei dir, Blut zu vergießen.

7 Vater und Mutter verachten sie, den Fremdlingen tun sie Gewalt und Unrecht, die Witwen und die Waisen schinden sie.

8 Du verachtest meine Heiligtümer und entheiligst meine Sabbate.

9 Verräter sind in dir, auf daß sie Blut vergießen. Sie essen auf den Bergen und handeln mutwillig in dir;

10 sie decken auf die Blöße der Väter und nötigen die Weiber in ihrer Krankheit

11 und treiben untereinander, Freund mit Freundes Weibe, Gräuel; sie schänden ihre eigene Schwiegertochter mit allem Mutwillen;

sie notzüchtigen ihre eigenen Schwestern, ihres Vaters Töchter;

12 sie nehmen Geschenke, auf daß sie Blut vergießen; sie wuchern und nehmen Zins voneinander und treiben ihren Geiz wider ihren Nächsten und tun einander Gewalt und vergessen mein also, spricht der HERR HERR.

13 Siehe, ich schlage meine Hände zusammen über den Geiz, den du treibst, und über das Blut, so in dir vergossen ist.

14 Meinst du aber, dein Herz möge es erleiden, oder werden es deine Hände ertragen zu der Zeit, wann ich mit dir handeln werde? Ich, der HERR, habe es geredet und will's auch tun

15 und will dich zerstreuen unter die Heiden und dich verstoßen in die Länder und will deinem Unflat ein Ende machen,

16 daß du bei den Heiden mußt verflucht geachtet werden und erfahren, daß ich der HERR sei.

17 Und des HERRN Wort geschah zu mir und sprach:

18 Du Menschenkind, das Haus Israel ist mir zu Schlacken geworden und sind alle Erz, Zinn, Eisen und Blei im Ofen; ja, zu Silberschlacken sind sie geworden.

19 Darum spricht der HERR HERR also: Weil ihr denn alle Schlacken geworden seid, siehe, so will ich euch alle gen Jerusalem zusammentun.

20 Wie man Silber, Erz, Eisen, Blei und Zinn zusammentut im Ofen, daß man ein Feuer

darunter aufblase und zerschmelze es, also will ich euch auch in meinem Zorn und Grimm zusammentun, einlegen und schmelzen.

21 Ja ich will euch sammeln und das Feuer meines Zorns unter euch aufblasen, daß ihr darin zerschmelzen müsset.

22 Wie das Silber zerschmilzt im Ofen, so sollt ihr auch darin zerschmelzen und erfahren, daß ich, der HERR, meinen Grimm über euch ausgeschüttet habe.

23 Und des HERRN Wort geschah zu mir und sprach:

24 Du Menschenkind, sprich zu ihnen: Du bist ein Land, das nicht zu reinigen ist, wie eines, das nicht beregnet wird zur Zeit des Zorns.

25 Die Propheten, so darin sind, haben sich gerottet, die Seelen zu fressen wie ein brüllender Löwe, wenn er raubt; sie reißen Gut und Geld an sich und machen der Witwen viel darin.

26 Ihre Priester verkehren mein Gesetz freventlich und entheiligen mein Heiligtum; sie halten unter dem Heiligen und Unheiligen keinen Unterschied und lehren nicht, was rein oder unrein sei, und warten meiner Sabbate nicht, und ich werde unter ihnen entheiligt.

27 Ihre Fürsten sind darin wie die reißenden Wölfe, Blut zu vergießen und Seelen umzubringen um ihres Geizes willen.

28 Und ihre Propheten tünchen ihnen mit losem Kalk, predigen loses Gerede und weissagen

ihnen Lügen und sagen: "So spricht der HERR HERR", so es doch der HERR nicht geredet hat.

29 Das Volk im Lande übt Gewalt; sie rauben getrost und schinden die Armen und Elenden und tun den Fremdlingen Gewalt und Unrecht.

30 Ich suchte unter ihnen, ob jemand sich zur Mauer machte und wider den Riß stünde vor mir für das Land, daß ich's nicht verderbte; aber ich fand keinen. [Und ich habe unter ihnen einen gesucht, der einen Wall gebaut hätte und vor mir in die Bresche gesprungen wäre für das Land, damit ich es nicht vernichten muss, aber ich habe keinen gefunden. (14)]

31 Darum schüttete ich meinen Zorn über sie, und mit dem Feuer meines Grimmes machte ich ihnen ein Ende und gab ihnen also ihren Verdienst auf ihren Kopf, spricht der HERR HERR.

23. Kapitel

Israel und Juda buhlen mit den Heiden.
Strafe der Untreue gegen Gott.

1 Und des HERRN Wort geschah zu mir und sprach:

2 Du Menschenkind, es waren zwei Weiber, einer Mutter Töchter.

3 Die trieben Hurerei in Ägypten in ihrer

Jugend; daselbst ließen sie ihre Brüste begreifen und den Busen ihrer Jungfrauschaft betasten.
4 Die große heißt Ohola und ihre Schwester Oholiba. Und ich nahm sie zur Ehe, und sie gebaren mir Söhne und Töchter. Und Ohola heißt Samaria und Oholiba Jerusalem.
5 Ohola trieb Hurerei, da ich sie genommen hatte, und brannte gegen ihre Buhlen, nämlich gegen die Assyrer, die zu ihr kamen,
6 gegen die Fürsten und Herren, die mit Purpur gekleidet waren, und alle junge, liebliche Gesellen, Reisige (15), so auf Rossen ritten.
7 Und sie buhlte mit allen schönen Gesellen in Assyrien und verunreinigte sich mit allen ihren Götzen, wo sie auf einen entbrannte.
8 Dazu ließ sie auch nicht die Hurerei mit Ägypten, die bei ihr gelegen hatten von ihrer Jugend auf und die Brüste ihrer Jungfrauschaft betastet und große Hurerei mit ihr getrieben hatten.
9 Da übergab ich sie in die Hand ihrer Buhlen, den Kindern Assur, gegen welche sie brannte vor Lust.
10 Die deckten ihre Blöße auf und nahmen ihre Söhne und Töchter weg; sie aber töteten sie mit dem Schwert. Und es kam aus unter den Weibern, wie sie gestraft wäre.
11 Da es aber ihre Schwester Oholiba sah, entbrannte sie noch viel ärger denn jene und trieb die Hurerei mehr denn ihre Schwester;
12 und entbrannte gegen die Kinder Assur,

nämlich die Fürsten und Herren, die zu ihr kamen wohl gekleidet, Reisige, so auf Rossen ritten, und alle junge, liebliche Gesellen.

13 Da sah ich, daß sie alle beide gleichermaßen verunreinigt waren.

14 Aber diese trieb ihre Hurerei mehr. Denn da sie sah gemalte Männer an der Wand in roter Farbe, die Bilder der Chaldäer,

15 um ihre Lenden gegürtet und bunte Mützen auf ihren Köpfen, und alle gleich anzusehen wie gewaltige Leute, wie denn die Kinder Babels, die Chaldäer, tragen in ihrem Vaterlande:

16 entbrannte sie gegen sie, sobald sie ihrer gewahr ward, und schickte Botschaft zu ihnen nach Chaldäa.

17 Als nun die Kinder Babels zu ihr kamen, bei ihr zu schlafen nach der Liebe, verunreinigten sie dieselbe mit ihrer Hurerei, und sie verunreinigte sich mit ihnen, bis sie ihrer müde ward.

18 Und da ihre Hurerei und Schande so gar offenbar war, ward ich ihrer überdrüssig, wie ich ihrer Schwester auch war müde geworden.

19 Sie aber trieb ihre Hurerei immer mehr und gedachte an die Zeit ihrer Jugend, da sie in Ägyptenland Hurerei getrieben hatte,

20 und entbrannte gegen ihre Buhlen, welcher Brunst war wie der Esel und der Hengste Brunst.

21 Und du bestelltest deine Unzucht wie in deiner Jugend, da die in Ägypten deine Brüste begriffen und deinen Busen betasteten.

22 Darum, Oholiba, so spricht der HERR HERR: Siehe, ich will deine Buhlen, deren du müde bist geworden, wider dich erwecken und will sie ringsumher wider dich bringen,
23 nämlich die Kinder Babels und alle Chaldäer mit Hauptleuten, Fürsten und Herren und alle Assyrer mit ihnen, die schöne junge Mannschaft, alle Fürsten und Herren, Ritter und Edle, die alle auf Rossen reiten.
24 Und sie werden über dich kommen, gerüstet mit Wagen und Rädern und mit großem Haufen Volks, und werden dich belagern mit Tartschen (16), Schilden und Helmen um und um. Denen will ich das Recht befehlen, daß sie dich richten sollen nach ihrem Recht.
25 Ich will meinen Eifer über dich gehen lassen, daß sie unbarmherzig mit dir handeln sollen. Sie sollen dir Nase und Ohren abschneiden; und was übrigbleibt, soll durchs Schwert fallen. Sie sollen deine Söhne und Töchter wegnehmen und das übrige mit Feuer verbrennen.
26 Sie sollen dir deine Kleider ausziehen und deinen Schmuck wegnehmen.
27 Also will ich deiner Unzucht und deiner Hurerei mit Ägyptenland ein Ende machen, daß du deine Augen nicht mehr nach ihnen aufheben und Ägyptens nicht mehr gedenken sollst.
28 Denn so spricht der HERR HERR: Siehe, ich will dich überantworten, denen du feind geworden und deren du müde bist.

29 Die sollen wie Feinde mit dir umgehen und alles nehmen, was du erworben hast, und dich nackt und bloß lassen, daß die Schande deiner Unzucht und Hurerei offenbar werde.

30 Solches wird dir geschehen um deiner Hurerei willen, so du mit den Heiden getrieben, an deren Götzen du dich verunreinigt hast.

31 Du bist auf dem Wege deiner Schwester gegangen; darum gebe ich dir auch deren Kelch in deine Hand.

32 So spricht der HERR HERR: Du mußt den Kelch deiner Schwester trinken, so tief und weit er ist: du sollst zu so großem Spott und Hohn werden, daß es unerträglich sein wird.

33 Du mußt dich des starken Tranks und Jammers vollsaufen; denn der Kelch deiner Schwester Samaria ist ein Kelch des Jammers und Trauerns.

34 Denselben mußt du rein austrinken, darnach die Scherben zerwerfen und deine Brüste zerreißen; denn ich habe es geredet, spricht der HERR HERR.

35 Darum so spricht der HERR HERR: Darum, daß du mein vergessen und mich hinter deinen Rücken geworfen hast, so trage auch nun deine Unzucht und deine Hurerei.

36 Und der HERR sprach zu mir; Du Menschenkind, willst du nicht Ohola und Oholiba strafen und ihnen zeigen ihre Gräuel?

37 Wie sie Ehebrecherei getrieben und Blut vergossen und die Ehe gebrochen haben mit

den Götzen; dazu ihre Kinder, die sie mir geboren hatten, verbrannten sie denselben zum Opfer.

38 Überdas haben sie mir das getan: sie haben meine Heiligtümer verunreinigt dazumal und meine Sabbate entheiligt.

39 Denn da sie ihre Kinder den Götzen geschlachtet hatten, gingen sie desselben Tages in mein Heiligtum, es zu entheiligen. Siehe, solches haben sie in meinem Hause begangen.

40 Sie haben auch Boten geschickt nach Leuten, die aus fernen Landen kommen sollten; und siehe, da sie kamen, badetest du dich und schminktest dich und schmücktest dich mit Geschmeide zu ihren Ehren

41 und saßest auf einem herrlichen Polster, vor welchem stand ein Tisch zugerichtet; darauf legtest du mein Räuchwerk und mein Öl.

42 Daselbst erhob sich ein großes Freudengeschrei; und es gaben ihnen die Leute, so allenthalben aus großem Volk und aus der Wüste gekommen waren, Geschmeide an ihre Arme und schöne Kronen auf ihre Häupter.

43 Ich aber gedachte: Sie ist der Ehebrecherei gewohnt von alters her; sie kann von der Hurerei nicht lassen.

44 Denn man geht zu ihr ein, wie man zu einer Hure eingeht; ebenso geht man zu Ohola und Oholiba, den unzüchtigen Weibern.

45 Darum werden sie die Männer strafen, die das Recht vollbringen, wie man die

Ehebrecherinnen und Blutvergießerinnen strafen soll. Denn sie sind Ehebrecherinnen, und ihre Hände sind voll Blut.

46 Also spricht der HERR HERR: Führe einen großen Haufen über sie herauf und gib sie zu Raub und Beute,

47 daß die Leute sie steinigen und mit ihren Schwertern erstechen und ihre Söhne und Töchter erwürgen und ihre Häuser mit Feuer verbrennen.

48 Also will ich der Unzucht im Lande ein Ende machen, daß alle Weiber sich warnen lassen und nicht nach solcher Unzucht tun.

49 Und man soll eure Unzucht auf euch legen, und ihr sollt eurer Götzen Sünden tragen, auf daß ihr erfahret, daß ich der HERR HERR bin.

24. Kapitel

Zerstörung Isreaels vorgebildet durch den siedenen Topf und durch den Tod des Weibes Hesekiels.

1 Und es geschah das Wort des HERRN zu mir im neunten Jahr, am zehnten Tage des zehnten Monats, und sprach:

2 Du Menschenkind, schreib diesen Tag an, ja, eben diesen Tag; denn der König zu Babel hat sich eben an diesem Tage wider Jerusalem gelagert.

3 Und gib dem ungehorsamen Volk ein

Gleichnis und sprich zu ihnen: So spricht der HERR HERR: Setze einen Topf zu, setze zu und gieß Wasser hinein;

4 tue die Stücke zusammen darein, die hinein sollen, alle besten Stücke, die Lenden und Schultern, und fülle ihn mit den besten Knochenstücken;

5 nimm das Beste von der Herde und mache ein Feuer darunter, Knochenstücke zu kochen, und laß es getrost sieden und die Knochenstücke darin wohl kochen.

6 Darum spricht der HERR HERR: O der mörderischen Stadt, die ein solcher Topf ist, da der Rost daran klebt und nicht abgehen will! Tue ein Stück nach dem andern heraus; und du darfst nicht darum losen, welches zuerst heraus soll.

7 Denn ihr Blut ist darin, das sie auf einen bloßen Felsen und nicht auf die Erde verschüttet hat, da man's doch hätte mit Erde können zuscharren.

8 Und ich habe auch darum sie lassen das Blut auf einen bloßen Felsen schütten, daß es nicht zugescharrt würde, auf daß der Grimm über sie käme und es gerächt würde.

9 Darum spricht der HERR HERR also: O du mörderische Stadt, welche ich will zu einem großen Feuer machen!

10 Trage nur viel Holz her, zünde das Feuer an, daß das Fleisch gar werde, und würze es wohl, und die Knochenstücke sollen anbrennen.

11 Lege auch den Topf leer auf die Glut, auf das er heiß werde und sein Erz entbrenne, ob seine Unreinigkeit zerschmelzen und sein Rost abgehen wolle.

12 Aber wie sehr er brennt, will sein Rost doch nicht abgehen, denn es ist zuviel des Rosts; er muß im Feuer zerschmelzen.

13 Deine Unreinigkeit ist so verhärtet, daß, ob ich dich gleich reinigen wollte, dennoch du nicht willst dich reinigen lassen von deiner Unreinigkeit. Darum kannst du hinfort nicht wieder rein werden, bis mein Grimm sich an dir gekühlt habe.

14 Ich, der HERR, habe es geredet! Es soll kommen, ich will's tun und nicht säumen; ich will nicht schonen noch mich's reuen lassen; sondern sie sollen dich richten, wie du gelebt und getan hast, spricht der HERR HERR.

15 Und des HERRN Wort geschah zu mir und sprach:

16 Du Menschenkind, siehe, ich will dir deiner Augen Lust nehmen durch eine Plage, aber du sollst nicht klagen noch weinen noch eine Träne lassen.

17 Heimlich magst du seufzen, aber keine Totenklage führen; sondern du sollst deinen Schmuck anlegen und deine Schuhe anziehen. Du sollst deinen Mund nicht verhüllen und nicht das Trauerbrot essen.

18 Und da ich des Morgens früh zum Volk geredet hatte, starb mir am Abend mein Weib.

Und ich tat des andern Morgens, wie mir befohlen war.

19 Und das Volk sprach zu mir: Willst du uns nicht anzeigen, was uns das bedeutet, was du tust?

20 Und ich sprach zu ihnen: Der HERR hat mir geredet und gesagt:

21 Sage dem Hause Israel, daß der HERR HERR spricht also: Siehe, ich will mein Heiligtum, euren höchsten Trost, die Lust eurer Augen und eures Herzens Wunsch entheiligen; und euer Söhne und Töchter, die ihr verlassen mußtet, werden durchs Schwert fallen.

22 Und müßt tun, wie ich getan habe: euren Mund sollt ihr nicht verhüllen und das Trauerbrot nicht essen,

23 sondern sollt euren Schmuck auf euer Haupt setzen und eure Schuhe anziehen. Ihr werdet nicht klagen noch weinen, sondern über eure Sünden verschmachten und untereinander seufzen.

24 Und soll also Hesekiel euch ein Wunderzeichen sein, daß ihr tun müßt, wie er getan hat, wenn es nun kommen wird, damit ihr erfahrt, daß ich der HERR HERR bin.

25 Und du, Menschenkind, zu der Zeit, wann ich wegnehmen werde von ihnen ihre Macht und ihren Trost, die Lust ihrer Augen und des Herzens Wunsch, ihre Söhne und Töchter,

26 ja, zur selben Zeit wird einer, so entronnen ist, zu dir kommen und dir's kundtun.

27 Zur selben Zeit wird dein Mund aufgetan werden samt dem, der entronnen ist, daß du reden sollst und nicht mehr schweigen; denn du mußt ihr Wunderzeichen sein, daß sie erfahren, ich sei der HERR.

Zweiter Hauptteil:

Drohweissagungen gegen die heidnischen Nachbarvölker

25. Kapitel

Weissagung wider die Ammoniter, Moabiter, Edomiter und Philister.

1 Und des HERRN Wort geschah zu mir und sprach:

2 Du Menschenkind, richte dein Angesicht gegen die Kinder Ammon und weissage wider sie

3 und sprich zu den Kindern Ammon: Höret des HERRN HERRN Wort! So spricht der HERR HERR: Darum daß ihr über mein Heiligtum sprecht: "Ha! es ist entheiligt!" und über das Land Israel: "Es ist verwüstet!" und über das Haus Juda: "Es ist gefangen weggeführt!",

4 darum siehe, ich will dich den Kindern des Morgenlandes übergeben, daß sie ihre Zeltdörfer in dir bauen und ihre Wohnungen in dir machen sollen; sie sollen deine Früchte essen und deine Milch trinken.

5 Und will Rabba zum Kamelstall machen und das Land der Kinder Ammon zu Schafhürden machen; und ihr sollt erfahren, daß ich der HERR bin.

6 Denn so spricht der HERR HERR: Darum daß du mit deinen Händen geklatscht und mit den Füßen gescharrt und über das Land Israel von ganzem Herzen so höhnisch dich gefreut hast,

7 darum siehe, ich will meine Hand über dich ausstrecken und dich den Heiden zur Beute geben und dich aus den Völkern ausrotten und aus den Ländern umbringen und dich vertilgen; und sollst erfahren, daß ich der HERR bin.

8 So spricht der HERR HERR: Darum, daß Moab und Seir sprechen: Siehe das Haus Juda ist eben wie alle Heiden!

9 siehe, so will ich Moab zur Seite öffnen in seinen Städten und in seinen Grenzen, das edle Land von Beth-Jesimoth, Baal-Meon und Kirjathaim,

10 und will es den Kindern des Morgenlandes zum Erbe geben samt dem Lande der Kinder Ammon, daß man der Kinder Ammon nicht mehr gedenken soll unter den Heiden.

11 Und will das Recht gehen lassen über Moab; und sie sollen erfahren, daß ich der HERR bin.

12 So spricht der HERR HERR: Darum, daß sich Edom am Hause Juda gerächt hat und sich verschuldet mit seinem Rächen,

13 darum spricht der HERR HERR also: Ich will meine Hand ausstrecken über Edom und will ausrotten von ihm Menschen und Vieh und will es wüst machen von Theman bis gen Dedan und durchs Schwert fällen;

14 und will mich an Edom rächen durch mein Volk Israel, und sie sollen mit Edom umgehen nach meinem Zorn und Grimm, daß sie meine Rache erfahren sollen, spricht der HERR HERR.

15 So spricht der HERR HERR: Darum daß die Philister sich gerächt haben und den alten Haß gebüßt nach allem ihrem Willen am Schaden meines Volkes,

16 darum spricht der HERR HERR also: Siehe, ich will meine Hand ausstrecken über die Philister und die Krether ausrotten und will die übrigen am Ufer des Meeres umbringen;

17 und will große Rache an ihnen üben und mit Grimm sie strafen, daß sie erfahren sollen, ich sei der HERR, wenn ich meine Rache an ihnen geübt habe.

26. Kapitel

Weissagung von der Zerstörung der Stadt Tyrus.

1 Und es begab sich im elften Jahr, am ersten

Tage des ersten Monats, geschah des HERRN Wort zu mir und sprach:

2 Du Menschenkind, darum daß Tyrus spricht über Jerusalem: "Ha! die Pforte der Völker ist zerbrochen; es ist zu mir gewandt; ich werde nun voll werden, weil sie wüst ist!",

3 darum spricht der HERR HERR also: Siehe, ich will an dich, Tyrus, und will viele Heiden über dich heraufbringen, gleich wie sich ein Meer erhebt mit seinen Wellen.

4 Die sollen die Mauern zu Tyrus verderben und ihre Türme abbrechen; ja ich will auch ihren Staub von ihr wegfegen und will einen bloßen Fels aus ihr machen

5 und einen Ort am Meer, darauf man die Fischgarne aufspannt; denn ich habe es geredet, spricht der HERR HERR, und sie soll den Heiden zum Raub werden.

6 Und ihre Töchter, so auf dem Felde liegen, sollen durchs Schwert erwürgt werden und sollen erfahren, daß ich der HERR bin.

7 Denn so spricht der HERR HERR: Siehe, ich will über Tyrus kommen lassen Nebukadnezar, den König zu Babel, von Mitternacht her, der ein König aller Könige ist, mit Rossen, Wagen, Reitern und mit großem Haufen Volks.

8 Der soll deine Töchter, so auf dem Felde liegen, mit dem Schwert erwürgen; aber wider dich wird er Bollwerke aufschlagen und einen Wall aufschütten und Schilde wider dich rüsten.

9 Er wird mit Sturmböcken deine Mauern zerstoßen und deine Türme mit seinen Werkzeugen umreißen.

10 Der Staub von der Menge seiner Pferde wird dich bedecken; so werden auch deine Mauern erbeben vor dem Getümmel seiner Rosse, Räder und Reiter, wenn er zu deinen Toren einziehen wird, wie man pflegt in eine zerrissene Stadt einzuziehen.

11 Er wird mit den Füßen seiner Rosse alle deine Gassen zertreten. Dein Volk wird er mit dem Schwert erwürgen und deine starken Säulen zu Boden reißen.

12 Sie werden dein Gut rauben und deinen Handel plündern. Deine Mauern werden sie abbrechen und deine feinen Häuser umreißen und werden deine Steine, Holz und Staub ins Wasser werfen.

13 Also will ich mit Getön deines Gesanges ein Ende machen, daß man den Klang deiner Harfen nicht mehr hören soll.

14 Und ich will einen bloßen Fels aus dir machen und einen Ort, darauf man Fischgarne aufspannt, daß du nicht mehr gebaut wirst; denn ich bin der HERR, der solches redet, spricht der HERR HERR.

15 So spricht der HERR HERR wider Tyrus: was gilt's? die Inseln werden erbeben, wenn du so gräulich zerfallen wirst und deine Verwundeten seufzen werden, so in dir sollen ermordet werden.

16 Alle Fürsten am Meer werden herab von ihren Stühlen steigen und ihre Röcke von sich tun und ihre gestickten Kleider ausziehen und werden in Trauerkleidern gehen und auf der Erde sitzen und werden erschrecken und sich entsetzen über deinen plötzlichen Fall.
17 Sie werden über dich wehklagen und von dir sagen: Ach, wie bist du so gar wüst geworden, du berühmte Stadt, die du am Meer lagst und so mächtig warst auf dem Meer samt deinen Einwohnern, daß sich das ganze Land vor dir fürchten mußte!
18 Ach, wie entsetzen sich die Inseln über deinen Fall! ja die Inseln im Meer erschrecken über deinen Untergang.
19 Denn so spricht der HERR HERR: Ich will dich zu einer wüsten Stadt machen wie andere Städte, darin niemand wohnt, und eine große Flut über dich kommen lassen, daß dich große Wasser bedecken,
20 und will dich hinunterstoßen zu denen, die in die Grube gefahren sind, zu dem Volk der Toten. Ich will dich unter die Erde hinabstoßen in die ewigen Wüsten zu denen, die in die Grube gefahren sind, auf daß niemand in dir wohne. Ich will dich, du Prächtige im Lande der Lebendigen,
21 ja, zum Schrecken will ich dich machen, daß du nichts mehr seist; und wenn man nach dir fragt, daß man dich ewiglich nimmer finden könne, spricht der HERR HERR.

27. Kapitel

Klagelied über Tyrus.

1 Und des HERRN Wort geschah zu mir und sprach:
2 Du Menschenkind, mach eine Wehklage über Tyrus
3 und sprich zu Tyrus, die da liegt vorn am Meer und mit vielen Inseln der Völker handelt: So spricht der HERR HERR: O Tyrus, du sprichst: Ich bin die Allerschönste.
4 Deine Grenzen sind mitten im Meer und deine Bauleute haben dich aufs allerschönste zugerichtet.
5 Sie haben all dein Tafelwerk aus Zypressenholz vom Senir gemacht und die Zedern vom Libanon führen lassen und deine Mastbäume daraus gemacht
6 und deine Ruder von Eichen aus Basan und deine Bänke von Elfenbein, gefaßt in Buchsbaumholz aus den Inseln der Chittiter.
7 Dein Segel war von gestickter, köstlicher Leinwand aus Ägypten, daß es dein Panier wäre, und deine Decken von blauem und rotem Purpur aus den Inseln Elisa.
8 Die von Sidon und Arvad waren deine Ruderknechte, und hattest geschickte Leute zu Tyrus, zu schiffen.
9 Die Ältesten und Klugen von Gebal mußten deine Risse bessern. Alle Schiffe im Meer und

ihre Schiffsleute fand man bei dir; die hatten ihren Handel in dir.

10 Die aus Persien, Lud und Lybien waren dein Kriegsvolk, die ihre Schilde und Helme in dir aufhingen und haben dich so schön geschmückt.

11 Die von Arvad waren unter deinem Heer rings um die Mauern und Wächter auf deinen Türmen; die haben ihre Schilde allenthalben von deinen Mauern herabgehängt und dich so schön geschmückt.

12 Tharsis hat dir mit seinem Handel gehabt und allerlei Waren, Silber, Eisen, Zinn und Blei auf die Märkte gebracht.

13 Javan, Thubal und Mesech haben mit dir gehandelt und haben dir leibeigene Leute und Geräte von Erz auf deine Märkte gebracht.

14 Die von Thogarma haben dir Rosse und Wagenpferde und Maulesel auf deine Märkte gebracht.

15 Die von Dedan sind deine Händler gewesen, und hast allenthalben in den Inseln gehandelt; die haben dir Elfenbein und Ebenholz verkauft.

16 Die Syrer haben bei dir geholt deine Arbeit, was du gemacht hast, und Rubine, Purpur, Teppiche, feine Leinwand und Korallen und Kristalle auf deine Märkte gebracht.

17 Juda und das Land Israel haben auch mit dir gehandelt und haben Weizen von Minnith und Balsam und Honig und Öl und Mastix auf deine Märkte gebracht.

18 Dazu hat auch Damaskus bei dir geholt deine Arbeit und allerlei Ware um Wein von Helbon und köstliche Wolle.
19 Dan und Javan und Mehusal haben auch auf deine Märkte gebracht Eisenwerk, Kassia und Kalmus, daß du damit handeltest.
20 Dedan hat mit dir gehandelt mit Decken zum Reiten.
21 Arabien und alle Fürsten von Kedar haben mit dir gehandelt mit Schafen, Widdern und Böcken.
22 Die Kaufleute aus Saba und Ragma haben mit dir gehandelt und allerlei köstliche Spezerei und Edelsteine und Gold auf deine Märkte gebracht.
23 Haran und Kanne und Eden samt den Kaufleuten aus Seba, Assur und Kilmad sind auch deine Händler gewesen.
24 Die haben alle mit dir gehandelt mit köstlichem Gewand, mit purpurnen und gestickten Tüchern, welche sie in köstlichen Kasten, von Zedern gemacht und wohl verwahrt, auf deine Märkte geführt haben.
25 Aber die Tharsisschiffe sind die vornehmsten auf deinen Märkten gewesen. Also bist du sehr reich und prächtig geworden mitten im Meer.
26 Deine Ruderer haben dich oft auf große Wasser geführt; ein Ostwind wird dich mitten auf dem Meer zerbrechen,

27 also daß dein Reichtum, dein Kaufgut, deine Ware, deine Schiffsleute, deine Schiffsherren und die, so deine Risse bessern [deine Schiffszimmerleute (17)] und die deinen Handel treiben und alle deine Kriegsleute und alles Volk in dir mitten auf dem Meer umkommen werden zur Zeit, wann du untergehst;
28 daß auch die Anfurten (18) erbeben werden vor dem Geschrei deiner Schiffsherren.
29 Und alle, die an den Rudern ziehen, samt den Schiffsknechten und Meistern werden aus ihren Schiffen ans Land treten
30 und laut über dich schreien, bitterlich klagen und werden Staub auf ihre Häupter werfen und sich in der Asche wälzen.
31 Sie werden sich kahl scheren über dir und Säcke um sich gürten und von Herzen bitterlich um dich weinen und trauern.
32 Es werden auch ihre Kinder über dich wehklagen: Ach! wer ist jemals auf dem Meer so still geworden wie du, Tyrus?
33 Da du deinen Handel auf dem Meer triebst, da machtest du viele Länder reich, ja, mit der Menge deiner Ware und deiner Kaufmannschaft machtest du reich die Könige auf Erden.
34 Nun aber bist du vom Meer in die rechten, tiefen Wasser gestürzt, daß dein Handel und all dein Volk in dir umgekommen ist.
35 Alle die auf den Inseln wohnen, erschrecken über dich, und ihre Könige entsetzen sich und sehen jämmerlich.

[verstört sind die Gesichter. (19)]
36 Die Kaufleute in den Ländern pfeifen dich an, daß du so plötzlich untergegangen bist und nicht mehr aufkommen kannst. [Die Kaufleute in der ganzen Welt zischen über dich: ein Ende mit Schrecken hast du genommen; du bist dahin für immer! (20)]

28. Kapitel

Wider den König zu Tyrus.
Sidons Fall. Israels sichere Ruhe.

1 Und des HERRN Wort geschah zu mir und sprach:
2 Du Menschenkind, sage dem Fürsten zu Tyrus: So spricht der HERR HERR: Darum, daß sich dein Herz erhebt und spricht: "Ich bin Gott, ich sitze auf dem Thron Gottes mitten im Meer", so du doch ein Mensch und nicht Gott bist, doch erhebt sich dein Herz, als wäre es eines Gottes Herz:
3 siehe, du hältst dich für klüger denn Daniel, daß dir nichts verborgen sei
4 und habest durch deine Klugheit und deinen Verstand solche Macht zuwege gebracht und Schätze von Gold und Silber gesammelt
5 und habest durch deine große Weisheit und Hantierung so große Macht überkommen; davon

bist du so stolz geworden, daß du so mächtig bist;

6 darum spricht der HERR HERR also: Weil sich denn dein Herz erhebt, als wäre es eines Gottes Herz,

7 darum, siehe, ich will Fremde über dich schicken, nämlich die Tyrannen der Heiden; die sollen ihr Schwert zücken über deine schöne Weisheit und deine große Ehre zu Schanden machen.

8 Sie sollen dich hinunter in die Grube stoßen, daß du mitten auf dem Meer stirbst wie die Erschlagenen.

9 Was gilt's, ob du dann vor deinem Totschläger wirst sagen: "Ich bin Gott", so du doch nicht Gott, sondern ein Mensch und in deiner Totschläger Hand bist?

10 Du sollst sterben wie die Unbeschnittenen von der Hand der Fremden; denn ich habe es geredet, spricht der HERR HERR.

11 Und des HERRN Wort geschah zu mir und sprach:

12 Du Menschenkind, mache eine Wehklage über den König zu Tyrus und sprich von Ihm: So spricht der HERR HERR: Du bist ein reinliches Siegel, voller Weisheit und aus der Maßen schön.

13 Du bist im Lustgarten Gottes und mit allerlei Edelsteinen geschmückt: mit Sarder, Topas, Demant, Türkis, Onyx, Jaspis, Saphir, Amethyst, Smaragd und Gold. Am Tage, da du geschaffen

wurdest, mußten da bereitet sein bei dir deine Pauken und Pfeifen.

14 Du bist wie ein Cherub, der sich weit ausbreitet und decket; und ich habe dich auf den heiligen Berg Gottes gesetzt, daß du unter den feurigen Steinen wandelst.

15 Du warst ohne Tadel in deinem Tun von dem Tage an, da du geschaffen wurdest, bis sich deine Missetat gefunden hat.

16 Denn du bist inwendig voll Frevels geworden vor deiner großen Hantierung und hast dich versündigt. Darum will ich dich entheiligen von dem Berge Gottes und will dich ausgebreiteten Cherub aus den feurigen Steinen verstoßen. [Durch die Menge deines Handels fülltest du dein Inneres mit Gewalttat und sündigtest. Und ich verstieß dich vom Berg Gottes und trieb dich ins Verderben (Da habe ich dich entweiht, dich vom Gottesberg verstoßen und dich vernichtet), du schirmender Cherub, aus der Mitte der feurigen Steine. (21)]

17 Und weil sich dein Herz erhebt, daß du so schön bist, und hast dich deine Klugheit lassen betrügen in deiner Pracht, darum will ich dich zu Boden stürzen und ein Schauspiel aus dir machen vor den Königen.

18 Denn du hast dein Heiligtum verderbt mit deiner großen Missetat und unrechtem Handel. Darum will ich ein Feuer aus dir angehen lassen, das dich soll verzehren, und will dich zu Asche machen auf der Erde, daß alle Welt zusehen soll.

19 Alle, die dich kennen unter den Heiden, werden sich über dich entsetzen, daß du so plötzlich bist untergegangen und nimmermehr aufkommen kannst.

[12 Der du das Bild der Vollkommenheit warst, voll von Weisheit und vollkommen an Schönheit. 13 In Eden, dem Garten Gottes, befandest du dich. Allerlei Edelsteine bedeckten deine Gewandung: Karneol, Topas und Jaspis, Chrysolit, Beryll und Onyx, Saphir, Rubin und Smaragd. Aus Gold waren deine Einfassungen und Verzierungen an dir gearbeitet; am Tage deiner Erschaffung wurden sie bereitet. 14 Du warst ein geweihter Cherub, der da schirmt; ich hatte dich dazu bestellt. Auf dem heiligen Gottesberge weiltest du, inmitten feuriger Steine wandeltest du. 15 Unsträflich warst du in all deinem Tun vom Tage deiner Erschaffung an, bis Verschuldung an dir gefunden wurde. 16 Infolge deines regen Verkehrs (mit Luzifer) füllte sich dein Inneres mit Frevel. Und als du dich versündigt hattest, trieb ich dich vom Gottesberge weg und verstieß dich, du schirmender Cherub, aus der Mitte der feurigen Steine. 17 Dein Sinn war hochfahrend geworden infolge deiner Schönheit, und du hattest deine Weisheit außer acht gelassen um deines Glanzes willen. Darum stürzte ich dich auf die Erde hinab.

18 Infolge der Menge deiner Verschuldungen durch die Untreue deines Tuns hast du deine Heiligtümer entweiht. Darum habe ich ein Feuer aus deiner Mitte hervorgehen lassen, das dich verzehrt hat und habe dich zum Staub auf der Erde gemacht vor den Augen aller, die dich sahen.
19 Ein Ende mit Schrecken hast du genommen und bist dahin für unabsehbare Zeit. (22)]
20 Und des HERRN Wort geschah zu mir und sprach:
21 Du Menschenkind, richte dein Angesicht wider Sidon und weissage wider sie
22 und sprich: So spricht der HERR HERR: Siehe, ich will an dich, Sidon, und will an dir Ehre einlegen, daß man erfahren soll, daß ich der HERR bin, wenn ich das Recht über sie gehen lasse und an ihr erzeige, daß ich heilig sei.
23 Und ich will Pestilenz (1) und Blutvergießen unter sie schicken auf ihren Gassen, und sie sollen tödlich verwundet drinnen fallen durchs Schwert, welches allenthalben über sie gehen wird; und sollen erfahren, daß ich der HERR bin.
24 Und forthin sollen allenthalben um das Haus Israel, da ihre Feinde sind, keine Dornen, die da stechen, noch Stacheln, die da wehe tun, bleiben, daß sie erfahren, daß ich der HERR HERR bin.
25 So spricht der HERR HERR: Wenn ich das Haus Israel wieder versammeln werde von den Völkern, dahin sie zerstreut sind, so will ich vor

den Heiden an ihnen erzeigen, daß ich heilig bin. Und sie sollen wohnen in ihrem Lande, das ich meinem Knecht Jakob gegeben habe;

26 und sollen sicher darin wohnen und Häuser bauen und Weinberge pflanzen; ja, sicher sollen sie wohnen, wenn ich das Recht gehen lasse über alle ihre Feinde um und um; und sollen erfahren, daß ich, der HERR, ihr Gott bin.

29. Kapitel

Wider Ägypten

1 Im zehnten Jahr, am zwölften Tage des zehnten Monats, geschah des HERRN Wort zu mir und sprach:

2 Du Menschenkind, richte dein Angesicht wider Pharao, den König in Ägypten, und weissage wider ihn und wider ganz Ägyptenland.

3 Predige und sprich: So spricht der HERR HERR: Siehe, ich will an dich, Pharao, du König in Ägypten, du großer Drache, der du in deinem Wasser liegst und sprichst: Der Strom ist mein, und ich habe ihn mir gemacht.

4 Aber ich will dir ein Gebiß ins Maul legen, und die Fische in deinen Wassern an deine Schuppen hängen und will dich aus deinem Strom herausziehen samt allen Fischen in deinen Wassern, die an deinen Schuppen hangen.

5 Ich will dich mit den Fischen aus deinen Wassern in die Wüste wegwerfen; du wirst aufs Land fallen und nicht wieder aufgelesen noch gesammelt werden, sondern den Tieren auf dem Lande und den Vögeln des Himmels zur Speise werden.

6 Und alle, die in Ägypten wohnen, sollen erfahren, daß ich der HERR bin; darum daß sie dem Hause Israel ein Rohrstab gewesen sind. [Weil du dem Haus Israel eine Stütze aus Schilfrohr gewesen bist (23)]

7 Wenn sie ihn in die Hand faßten, so brach er und stach sie in die Seite; wenn sie sich darauf lehnten, so zerbrach er und stach sie in die Lenden.

8 Darum spricht der HERR HERR also: Siehe, ich will das Schwert über dich kommen lassen und Leute und Vieh in dir ausrotten.

9 Und Ägyptenland soll zur Wüste und Öde werden, und sie sollen erfahren, daß ich der HERR sei, darum daß du sprichst: Der Wasserstrom ist mein, und ich bin's, der's tut.

10 Darum, siehe, ich will an dich und an deine Wasserströme und will Ägyptenland wüst und öde machen von Migdol bis gen Syene und bis an die Grenze des Mohrenlandes,

11 daß weder Vieh noch Leute darin gehen oder da wohnen sollen vierzig Jahre lang.

12 Denn ich will Ägyptenland wüst machen wie andere wüste Länder und ihre Städte wüst liegen lassen wie andere wüste Städte vierzig Jahre

lang; und will die Ägypter zerstreuen unter die Heiden, und in die Länder will ich sie verjagen.

13 Doch so spricht der HERR HERR: Wenn die vierzig Jahre aus sein werden, will ich die Ägypter wieder sammeln aus den Völkern, darunter sie zerstreut sollen werden,

14 und will das Gefängnis Ägyptens wenden und sie wiederum ins Land Pathros bringen, welches ihr Vaterland ist; und sie sollen daselbst ein kleines Königreich sein.

15 Denn sie sollen klein sein gegen andere Königreiche und nicht mehr sich erheben über die Heiden; und ich will sie gering machen, damit sie nicht über die Heiden herrschen sollen,

16 daß sich das Haus Israel nicht mehr auf sie verlasse und sich damit versündige, wenn sie sich an sie hängen; und sie sollen erfahren, daß ich der HERR HERR bin.

17 Und es begab sich im siebenundzwanzigsten Jahr, am ersten Tage des ersten Monats, geschah des HERRN Wort zu mir und sprach:

18 Du Menschenkind, Nebukadnezar, der König zu Babel, hat sein Heer mit großer Mühe vor Tyrus arbeiten lassen, daß alle Häupter kahl und alle Schultern wund gerieben waren; und ist doch weder ihm noch seinem Heer seine Arbeit vor Tyrus belohnt worden.

19 Darum spricht der HERR HERR also: Siehe, ich will Nebukadnezar, dem König zu Babel,

Ägyptenland geben, daß er all ihr Gut wegnehmen und sie berauben und plündern soll, daß er seinem Heer den Sold gebe.
20 Zum Lohn für seine Arbeit, die er getan hat, will ich ihm das Land Ägypten geben; denn sie haben mir gedient, spricht der HERR HERR.
21 Zur selben Zeit will ich das Horn des Hauses Israel wachsen lassen und will deinen Mund unter ihnen auftun, daß sie erfahren, daß ich der HERR bin.

30. Kapitel

Nebukadnezar stürzt Ägyptens Macht, Bundesgenossen und König.

1 Und des HERRN Wort geschah zu mir und sprach:
2 Du Menschenkind, weissage und sprich: So spricht der HERR HERR: Heult: "O weh des Tages!"
3 Denn der Tag ist nahe, ja, des HERRN Tag ist nahe, ein finsterer Tag; die Zeit der Heiden kommt.
4 Und das Schwert soll über Ägypten kommen; und Mohrenland muß erschrecken, wenn die Erschlagenen in Ägypten fallen werden und sein Volk weggeführt und seine Grundfesten umgerissen werden.

5 Mohrenland und Libyen und Lud mit allerlei Volk und Chub und die aus dem Lande des Bundes sind, sollen samt ihnen durchs Schwert fallen.

6 So spricht der HERR: Die Schutzherren Ägyptens müssen fallen, und die Hoffart seiner Macht muß herunter; von Migdol bis gen Syene sollen sie durchs Schwert fallen, spricht der HERR HERR.

7 Und sie sollen wie andere wüste Länder wüst werden, und ihre Städte unter andren wüsten Städten wüst liegen,

8 daß sie erfahren, daß ich der HERR sei, wenn ich ein Feuer in Ägypten mache, daß alle, die ihnen helfen, verstört werden.

9 Zur selben Zeit werden Boten von mir ausziehen in Schiffen, Mohrenland zu schrecken, das jetzt so sicher ist; und wird ein Schrecken unter ihnen sein, gleich wie es Ägypten ging, da seine Zeit kam; denn siehe, es kommt gewiß.

10 So spricht der HERR HERR: Ich will die Menge in Ägypten wegräumen durch Nebukadnezar, den König zu Babel.

11 Denn er und sein Volk mit ihm, die Tyrannen der Heiden, sind herzugebracht, das Land zu verderben, und werden ihre Schwerter ausziehen wider Ägypten, daß das Land allenthalben voll Erschlagener liege.

12 Und ich will die Wasserströme trocken machen und das Land bösen Leuten verkaufen, und will das Land und was darin ist, durch

Fremde verwüsten. Ich, der HERR, habe es geredet.

13 So spricht der HERR HERR: Ich will die Götzen zu Noph ausrotten und die Abgötter vertilgen, und Ägypten soll keinen Fürsten mehr haben, und ich will einen Schrecken in Ägyptenland schicken.

14 Ich will Pathros wüst machen und ein Feuer zu Zoan anzünden und das Recht über No gehen lassen

15 und will meinen Grimm ausschütten über Sin, die Festung Ägyptens, und will die Menge zu No ausrotten.

16 Ich will ein Feuer in Ägypten anzünden, und Sin soll angst und bange werden, und No soll zerrissen und Noph täglich geängstet werden.

17 Die junge Mannschaft zu On und Bubastus sollen durchs Schwert fallen und die Weiber gefangen weggeführt werden.

18 Thachphanhes wird einen finstern Tag haben, wenn ich das Joch Ägyptens daselbst zerbrechen werde, daß die Hoffart seiner Macht darin ein Ende habe; sie wird mit Wolken bedeckt werden, und ihre Töchter werden gefangen weggeführt werden.

19 Und ich will das Recht über Ägypten gehen lassen, daß sie erfahren, daß ich der HERR sei.

20 Und es begab sich im elften Jahr, am siebenten Tage des elften Monats, geschah des HERRN Wort zu mir und sprach:

21 Du Menschenkind, ich habe den Arm Pharaos, des Königs von Ägypten, zerbrochen; und siehe, er soll nicht verbunden werden, daß er heilen möge, noch mit Binden zugebunden werden, daß er stark werde und ein Schwert fassen könne.
22 Darum spricht der HERR HERR also: Siehe, ich will an Pharao, den König von Ägypten, und will seine Arme zerbrechen, beide, den starken und den zerbrochenen, daß ihm das Schwert aus seiner Hand entfallen muß;
23 und ich will die Ägypter unter die Heiden zerstreuen und in die Länder verjagen.
24 Aber die Arme des Königs zu Babel will ich stärken und ihm mein Schwert in seine Hand geben, und will die Arme Pharaos zerbrechen, daß er vor ihm winseln soll wie ein tödlich Verwundeter.
25 Ja, ich will die Arme des Königs zu Babel stärken, daß die Arme Pharaos dahinfallen, auf daß sie erfahren, daß ich der HERR sei, wenn ich mein Schwert dem König zu Babel in die Hand gebe, daß er's über Ägyptenland zücke,
26 und ich die Ägypter unter die Heiden zerstreue und in die Länder verjage, daß sie erfahren, daß ich der HERR bin.

31. Kapitel

Der König von Ägypten soll ebenso wie der König von Assyrien gestürzt werden.

1 Und es begab sich im elften Jahr, am ersten Tage des dritten Monats, geschah des HERRN Wort zu mir und sprach:
2 Du Menschenkind, sage zu Pharao, dem König von Ägypten, und zu allem seinem Volk: Wen meinst du denn, daß du gleich seist in deiner Herrlichkeit?
3 Siehe, Assur war wie ein Zedernbaum auf dem Libanon, von schönen Ästen und dick von Laub und sehr hoch, daß sein Wipfel hoch stand unter großen, dichten Zweigen.
4 Die Wasser machten, daß er groß ward, und die Tiefe, daß er hoch wuchs. Ihre Ströme gingen rings um seinen Stamm her und ihre Bäche zu allen Bäumen im Felde.
5 Darum ist er höher geworden als alle Bäume im Felde und kriegte viel Äste und lange Zweige; denn er hatte Wasser genug, sich auszubreiten.
6 Alle Vögel des Himmels nisteten auf seinen Ästen, und alle Tiere im Felde hatten Junge unter seinen Zweigen; und unter seinem Schatten wohnten alle großen Völker.
7 Er hatte schöne, große und lange Äste; denn seine Wurzeln hatten viel Wasser.

8 Und war ihm kein Zedernbaum gleich in Gottes Garten, und die Tannenbäume waren seinen Ästen nicht zu vergleichen, und die Kastanienbäume waren nichts gegen seine Zweige. Ja, er war so schön wie kein Baum im Garten Gottes.

9 Ich hatte ihn so schön gemacht, daß er so viel Äste kriegte, daß ihn alle lustigen Bäume im Garten Gottes neideten.

10 Darum spricht der HERR HERR also: Weil er so hoch geworden ist, daß sein Wipfel stand unter großen, hohen, dichten Zweigen, und sein Herz sich erhob, daß er so hoch geworden war,

11 darum gab ich ihn dem Mächtigen unter den Heiden in die Hände, daß der mit ihm umginge und ihn vertriebe, wie er verdient hat mit seinem gottlosen Wesen,

12 daß Fremde ihn ausrotten sollten, nämlich die Tyrannen der Heiden, und ihn zerstreuen, und seine Äste auf den Bergen und in allen Tälern liegen mußten und seine Zweige zerbrachen an allen Bächen im Lande; daß alle Völker auf Erden von seinem Schatten wegziehen mußten und ihn verlassen;

13 und alle Vögel des Himmels auf seinem umgefallenen Stamm saßen und alle Tiere im Felde sich legten auf seine Äste;

14 auf daß sich forthin kein Baum am Wasser seiner Höhe überhebe, daß sein Wipfel unter großen, dichten Zweigen stehe, und kein Baum am Wasser sich erhebe über die andern; denn

sie müssen alle unter die Erde und dem Tod übergeben werden wie andere Menschen, die in die Grube fahren.

15 So spricht der HERR HERR: Zu der Zeit, da er hinunter in die Hölle fuhr, da machte ich ein Trauern, daß ihn die Tiefe bedeckte und seine Ströme stillstehen mußten und die großen Wasser nicht laufen konnten; und machte, daß der Libanon um ihn trauerte und alle Feldbäume verdorrten über ihm.

16 Ich erschreckte die Heiden, da sie ihn hören fallen, da ich ihn hinunterließ zur Hölle, zu denen, so in die Grube gefahren sind. Und alle lustigen Bäume unter der Erde, die edelsten und besten auf dem Libanon, und alle, die am Wasser gestanden hatten, gönnten's ihm wohl.

17 Denn sie mußten auch mit ihm hinunter zur Hölle, zu den Erschlagenen mit dem Schwert, weil sie unter dem Schatten seines Arms gewohnt hatten unter den Heiden.

18 Wie groß meinst du denn, Pharao, daß du seist mit deiner Pracht und Herrlichkeit unter den lustigen Bäumen? Denn du mußt mit den lustigen Bäumen unter die Erde hinabfahren und unter den Unbeschnittenen liegen, so mit dem Schwert erschlagen sind. Also soll es Pharao gehen samt allem seinem Volk, spricht der HERR HERR.

32. Kapitel

Die Ägypter müssen ebenso wie andere Völker in die Grube fahren.

1 Und es begab sich im zwölften Jahr, am ersten Tage des zwölften Monats, geschah des HERRN Wort zu mir und sprach:
2 Du Menschenkind, mache eine Wehklage über Pharao, den König von Ägypten, und sprich zu ihm: Du bist gleich wie ein Löwe unter den Heiden und wie ein Meerdrache und springst in deinen Strömen und rührst das Wasser auf mit deinen Füßen und machst seine Ströme trüb.
3 So spricht der HERR HERR: Ich will mein Netz über dich auswerfen durch einen großen Haufen Volks, die dich sollen in mein Garn jagen;
4 und will dich aufs Land ziehen und aufs Feld werfen, daß alle Vögel des Himmels auf dir sitzen sollen und alle Tiere auf Erden von dir satt werden.
5 Und will dein Aas auf die Berge werfen und mit deiner Höhe die Täler ausfüllen.
6 Das Land, darin du schwimmst, will ich von deinem Blut rot machen bis an die Berge hinan, daß die Bäche von dir voll werden.
7 Und wenn du nun ganz dahin bist, so will ich den Himmel verhüllen und seine Sterne verfinstern und die Sonne mit Wolken überziehen, und der Mond soll nicht scheinen.

8 Alle Lichter am Himmel will ich über dir lassen dunkel werden, und will eine Finsternis in deinem Lande machen, spricht der HERR HERR.

9 Dazu will ich vieler Völker Herz erschreckt machen, wenn ich die Heiden deine Plage erfahren lasse und viele Länder, die du nicht kennst.

10 Viele Völker sollen sich über dich entsetzen, und ihren Königen soll vor dir grauen, wenn ich mein Schwert vor ihnen blinken lasse, und sollen plötzlich erschrecken, daß ihnen das Herz entfallen wird über deinen Fall.

11 Denn so spricht der HERR HERR: Das Schwert des Königs zu Babel soll dich treffen.

12 Und ich will dein Volk fällen durch das Schwert der Helden, durch allerlei Tyrannen der Heiden; die sollen die Herrlichkeit Ägyptens verheeren, daß all ihr Volk vertilgt werde.

13 Und ich will alle Tiere umbringen an den großen Wassern, daß sie keines Menschen Fuß und keines Tieres Klaue mehr trüb machen soll.

14 Alsdann will ich ihre Wasser lauter machen, daß ihre Ströme fließen wie Öl, spricht der HERR HERR,

15 wenn ich das Land Ägypten verwüstet und alles, was im Lande ist, öde gemacht und alle, so darin wohnen, erschlagen habe, daß sie erfahren, daß ich der HERR sei.

16 Das wird der Jammer sein, den man wohl mag klagen; ja, die Töchter der Heiden werden

solche Klage führen; über Ägypten und all ihr Volk wird man klagen, spricht der HERR HERR.

17 Und im zwölften Jahr, am fünfzehnten Tage desselben Monats, geschah des HERRN Wort zu mir und sprach:

18 Du Menschenkind, beweine das Volk in Ägypten und stoße es mit den Töchtern der starken Heiden hinab unter die Erde zu denen, die in die Grube gefahren sind.

19 Wo ist nun deine Wollust? Hinunter, und lege dich zu den Unbeschnittenen!

20 Sie werden fallen unter denen, die mit dem Schwert erschlagen sind. Das Schwert ist schon gefaßt und gezückt über ihr ganzes Volk.

21 Von ihm werden sagen in der Hölle die starken Helden mit ihren Gehilfen, die alle hinuntergefahren sind und liegen da unter den Unbeschnittenen und mit dem Schwert Erschlagenen.

22 Daselbst liegt Assur mit allem seinem Volk umher begraben, die alle erschlagen und durchs Schwert gefallen sind;

23 ihre Gräber sind tief in der Grube, und sein Volk liegt allenthalben umher begraben, die alle erschlagen und durchs Schwert gefallen sind, vor denen sich die ganze Welt fürchtete.

24 Da liegt auch Elam mit allem seinem Haufen umher begraben, die alle erschlagen und durchs Schwert gefallen sind und hinuntergefahren als die Unbeschnittenen unter die Erde, vor denen sich auch alle Welt

fürchtete; und müssen ihre Schande tragen mit denen, die in die Grube gefahren sind.

25 Man hat sie unter die Erschlagenen gelegt samt allem ihrem Haufen, und liegen umher begraben; und sind alle, wie die Unbeschnittenen und mit dem Schwert Erschlagenen, vor denen sich auch alle Welt fürchten mußte; und müssen ihre Schande tragen mit denen, die in die Grube gefahren sind, und unter den Erschlagenen bleiben.

26 Da liegt Mesech und Thubal mit allem ihrem Haufen umher begraben, die alle unbeschnitten sind, vor denen sich auch die ganze Welt fürchten mußte;

27 und alle andern Helden, die unter den Unbeschnittenen gefallen und mit ihrer Kriegswehr zur Hölle gefahren sind und ihre Schwerter unter ihre Häupter haben müssen legen und deren Missetat über ihre Gebeine gekommen ist, die doch auch gefürchtete Helden waren in der ganzen Welt; also müssen sie liegen.

28 So mußt du freilich auch unter den Unbeschnittenen zerschmettert werden und unter denen, die mit dem Schwert erschlagen sind, liegen.

29 Da liegt Edom mit seinen Königen und alle seine Fürsten unter den Unbeschnittenen und mit dem Schwert Erschlagenen samt andern, so in die Grube gefahren sind, die doch mächtig waren.

30 Da sind alle Fürsten von Mitternacht und alle Sidonier, die mit den Erschlagenen hinabgefahren sind; und ihre schreckliche Gewalt ist zu Schanden geworden, und müssen liegen unter den Unbeschnittenen und denen, so mit dem Schwert erschlagen sind, und ihre Schande tragen samt denen, die in die Grube gefahren sind.

31 Diese wird Pharao sehen und sich trösten über all sein Volk, die unter ihm mit dem Schwert erschlagen sind, und über sein ganzes Heer, spricht der HERR HERR.

32 Denn es soll sich auch einmal alle Welt vor mir fürchten, daß Pharao und alle seine Menge liegen unter den Unbeschnittenen und mit dem Schwert Erschlagenen, spricht der HERR HERR.

Dritter Hauptteil:
Trostbuch oder Reden über Jerusalems Wiederherstellung

I.
Die Vorbereitungen auf die Heilszeit

33. Kapitel

Von der Pflicht der geistlichen Wächter. Güte und Gerechtigkeit Gottes. Nachricht von der Zerstörung Jerusalems. Neue Strafpredigt.

1 Und des HERRN Wort geschah zu mir und sprach:
2 Du Menschenkind, predige den Kindern deines Volkes und sprich zu ihnen: Wenn ich ein Schwert über das Land führen würde, und das Volk im Lande nähme einen Mann unter ihnen und machten ihn zu ihrem Wächter,
3 und er sähe das Schwert kommen über das Land und bliese die Drommete und warnte das Volk,
4 wer nun der Drommete Hall hörte und wollte sich nicht warnen lassen, und das Schwert käme und nähme ihn weg: desselben Blut sei auf seinem Kopf;

5 denn er hat der Drommete Hall gehört und hat sich dennoch nicht warnen lassen; darum sei sein Blut auf ihm. Wer sich aber warnen läßt, der wird sein Leben davonbringen.

6 Wo aber der Wächter sähe das Schwert kommen und die Drommete nicht bliese noch sein Volk warnte, und das Schwert käme und nähme etliche weg: dieselben würden wohl um ihrer Sünden willen weggenommen; aber ihr Blut will ich von des Wächters Hand fordern.

7 Und nun, du Menschenkind, ich habe dich zum Wächter gesetzt über das Haus Israel, wenn du etwas aus meinem Munde hörst, daß du sie von meinetwegen warnen sollst.

8 Wenn ich nun zu dem Gottlosen sage: Du Gottloser mußt des Todes sterben! und du sagst ihm solches nicht, daß sich der Gottlose warnen lasse vor seinem Wesen, so wird wohl der Gottlose um seines gottlosen Wesens willen sterben; aber sein Blut will ich von deiner Hand fordern.

9 Warnst du aber den Gottlosen vor seinem Wesen, daß er sich davon bekehre, und er will sich nicht von seinem Wesen bekehren, so wird er um seiner Sünde sterben, und du hast deine Seele errettet.

10 Darum, du Menschenkind, sage dem Hause Israel: Ihr sprecht also: Unsre Sünden und Missetaten liegen auf uns, daß wir darunter vergehen; wie können wir denn leben?

11 So sprich zu ihnen: So wahr als ich lebe, spricht der HERR HERR, ich habe keinen Gefallen am Tode des Gottlosen, sondern daß sich der Gottlose bekehre von seinem Wesen und lebe. So bekehret euch doch nun von eurem bösen Wesen. Warum wollt ihr sterben, ihr vom Hause Israel?

12 Und du, Menschenkind, sprich zu deinem Volk: Wenn ein Gerechter Böses tut, so wird's ihm nicht helfen, daß er fromm gewesen ist; und wenn ein Gottloser fromm wird, so soll's ihm nicht schaden, daß er gottlos gewesen ist. So kann auch der Gerechte nicht leben, wenn er sündigt.

13 Denn wo ich zu dem Gerechten spreche, er soll leben, und er verläßt sich auf seine Gerechtigkeit und tut Böses, so soll aller seiner Frömmigkeit nicht gedacht werden; sondern er soll sterben in seiner Bosheit, die er tut.

14 Und wenn ich zum Gottlosen spreche, er soll sterben und er bekehrt sich von seiner Sünde und tut, was recht und gut ist,

15 also daß der Gottlose das Pfand wiedergibt und bezahlt, was er geraubt hat, und nach dem Wort des Lebens wandelt, daß er kein Böses tut: so soll er leben und nicht sterben,

16 und aller seiner Sünden, die er getan hat, soll nicht gedacht werden; denn er tut nun, was recht und gut ist; darum soll er leben.

17 Aber dein Volk spricht: Der HERR urteilt nicht recht, so sie doch unrecht haben.

18 Denn wo der Gerechte sich kehrt von seiner Gerechtigkeit und tut Böses, so stirbt er ja billig darum.
19 Und wo sich der Gottlose bekehrt von seinem gottlosen Wesen und tut, was recht und gut ist, so soll er ja billig leben.
20 Doch sprecht ihr: Der HERR urteilt nicht recht, so ich doch euch vom Hause Israel einen jeglichen nach seinem Wesen richte.
21 Und es begab sich im zwölften Jahr unserer Gefangenschaft, am fünften Tage des zehnten Monats, kam zu mir ein Entronnener von Jerusalem und sprach: Die Stadt ist geschlagen.
22 Und die Hand des HERRN war über mir des Abends, ehe der Entronnene kam, und tat mir meinen Mund auf, bis er zu mir kam des Morgens; und tat mir meinen Mund auf, also daß ich nicht mehr schweigen mußte.
23 Und des HERRN Wort geschah zu mir und sprach:
24 Du Menschenkind, die Einwohner dieser Wüsten im Lande Israel sprechen also: Abraham war ein einziger Mann und erbte dies Land; unser aber sind viele, desto billiger gehört das Land uns zu.
25 Darum sprich zu ihnen: So spricht der HERR HERR: Ihr habt Blutiges gegessen und eure Augen zu den Götzen aufgehoben und Blut vergossen: und ihr meint, ihr wollt das Land besitzen?

26 Ja, ihr fahret immer fort mit Morden und übet Gräuel, und einer schändet dem andern sein Weib; und ihr meint, ihr wollt das Land besitzen?
27 So sprich zu ihnen: So spricht der HERR HERR: So wahr ich lebe, sollen alle, so in den Wüsten wohnen, durchs Schwert fallen; und die auf dem Felde sind, will ich den Tieren zu fressen geben; und die in den Festungen und Höhlen sind, sollen an der Pestilenz sterben.
28 Denn ich will das Land ganz verwüsten und seiner Hoffart und Macht ein Ende machen, daß das Gebirge Israel so wüst werde, daß niemand dadurchgehe.
29 Und sie sollen erfahren, daß ich der HERR bin, wenn ich das Land ganz verwüstet habe um aller ihrer Gräuel willen, die sie üben.
30 Und du, Menschenkind, dein Volk redet über dich an den Wänden und unter den Haustüren, und einer spricht zum andern: Kommt doch und laßt uns hören, was der HERR sage!
31 Und sie werden zu dir kommen in die Versammlung und vor dir sitzen als mein Volk und werden deine Worte hören, aber nicht darnach tun; sondern sie werden sie gern in ihrem Munde haben, und gleichwohl fortleben in ihrem Geiz.
32 Und siehe, du mußt ihnen sein wie ein liebliches Liedlein, wie einer, der eine schöne Stimme hat und wohl spielen kann. Also werden sie deine Worte hören und nicht darnach tun.

33 Wenn es aber kommt, was kommen soll, siehe, so werden sie erfahren, daß ein Prophet unter ihnen gewesen ist.

34. Kapitel

Weissagung wider die untreuen Hirten.
Verheißung des einzigen rechten Hirten
aus dem Hause Daniel.

1 Und des HERRN Wort geschah zu mir und sprach:
2 Du Menschenkind, weissage wider die Hirten Israels, weissage und sprich zu ihnen: So spricht der HERR HERR: Weh den Hirten Israels, die sich selbst weiden! Sollen nicht die Hirten die Herde weiden?
3 Aber ihr fresset das Fette und kleidet euch mit der Wolle und schlachtet das Gemästete; aber die Schafe wollt ihr nicht weiden.
4 Der Schwachen wartet ihr nicht, und die Kranken heilt ihr nicht, das Verwundete verbindet ihr nicht, das Verirrte holt ihr nicht und das Verlorene sucht ihr nicht; sondern streng und hart herrschet ihr über sie.
5 Und meine Schafe sind zerstreut, als sie keinen Hirten haben, und allen wilden Tieren zur Speise geworden und gar zerstreut.
6 Und gehen irre hin und wieder auf den Bergen und auf den hohen Hügeln und sind auf

dem ganzen Lande zerstreut; und ist niemand, der nach ihnen frage oder ihrer achte.

7 Darum höret, ihr Hirten, des HERRN Wort!

8 So wahr ich lebe, spricht der HERR HERR, weil ihr meine Schafe lasset zum Raub und meine Herde allen wilden Tieren zur Speise werden, weil sie keinen Hirten haben und meine Hirten nach meiner Herde nicht fragen, sondern sind solche Hirten, die sich selbst weiden, aber meine Schafe wollen sie nicht weiden:

9 darum, ihr Hirten, höret des HERRN Wort!

10 So spricht der HERR HERR: Siehe, ich will an die Hirten und will meine Herde von ihren Händen fordern und will mit ihnen ein Ende machen, daß sie nicht mehr sollen Hirten sein und sollen sich nicht mehr selbst weiden. Ich will meine Schafe erretten aus ihrem Maul, daß sie sie forthin nicht mehr fressen sollen.

11 Denn so spricht der HERR HERR: Siehe, ich will mich meiner Herde selbst annehmen und sie suchen.

12 Wie ein Hirte seine Schafe sucht, wenn sie von seiner Herde verirrt sind, also will ich meine Schafe suchen und will sie erretten von allen Örtern, dahin sie zerstreut waren zur Zeit, da es trüb und finster war.

13 Ich will sie von allen Völkern ausführen und aus allen Ländern versammeln und will sie in ihr Land führen und will sie weiden auf den Bergen Israels und in allen Auen und auf allen Angern des Landes.

14 Ich will sie auf die beste Weide führen, und ihre Hürden werden auf den hohen Bergen in Israel stehen; daselbst werden sie in sanften Hürden liegen und fette Weide haben auf den Bergen Israels.

15 Ich will selbst meine Schafe weiden, und ich will sie lagern, spricht der HERR HERR.

16 Ich will das Verlorene wieder suchen und das Verirrte wiederbringen und das Verwundete verbinden und des Schwachen warten; aber was fett und stark ist, will ich vertilgen und will es weiden mit Gericht.

17 Aber zu euch, meine Herde, spricht der HERR HERR also: Siehe, ich will richten zwischen Schaf und Schaf und zwischen Widdern und Böcken.

18 Ist's euch nicht genug, so gute Weide zu haben, daß ihr das übrige mit Füßen tretet, und so schöne Borne zu trinken, daß ihr auch noch dareintretet und sie trüb macht,

19 daß meine Schafe essen müssen, was ihr mit euren Füßen zertreten habt, und trinken, was ihr mit euren Füßen trüb gemacht habt?

20 Darum so spricht der HERR HERR zu ihnen: Siehe, ich will richten zwischen den fetten und mageren Schafen,

21 darum daß ihr mit der Seite und Schulter drängt und die Schwachen von euch stoßt mit euren Hörnern, bis ihr sie alle von euch zerstreut.

22 Und ich will meiner Herde helfen, daß sie nicht mehr sollen zum Raub werden, und will richten zwischen Schaf und Schaf.
23 Und ich will ihnen einen einigen Hirten erwecken, der sie weiden soll, nämlich meinen Knecht David. Der wird sie weiden und soll ihr Hirte sein,
24 und ich, der HERR, will ihr Gott sein; aber mein Knecht David soll der Fürst unter ihnen sein, das sage ich, der HERR.
25 Und ich will einen Bund des Friedens mit ihnen machen und alle bösen Tiere aus dem Land ausrotten, daß sie in der Wüste sicher wohnen und in den Wäldern schlafen sollen.
26 Ich will sie und alles, was um meinen Hügel her ist, segnen und auf sie regnen lassen zu rechter Zeit; das sollen gnädige Regen sein,
27 daß die Bäume auf dem Felde ihre Früchte bringen und das Land sein Gewächs geben wird; und sie sollen sicher auf dem Lande wohnen und sollen erfahren, daß ich der HERR bin, wenn ich ihr Joch zerbrochen und sie errettet habe von der Hand derer, denen sie dienen mußten.
28 Und sie sollen nicht mehr den Heiden zum Raub werden, und kein Tier auf Erden soll sie mehr fressen, sondern sollen sicher wohnen ohne alle Furcht.
29 Und ich will ihnen eine herrliche Pflanzung aufgehen lassen, daß sie nicht mehr Hunger

leiden im Lande und ihre Schmach unter den Heiden nicht mehr tragen sollen.

30 Und sie sollen erfahren, daß ich, der HERR, ihr Gott, bei ihnen bin und daß sie vom Haus Israel mein Volk seien, spricht der HERR HERR.

31 Ja, ihr Menschen sollt die Herde meiner Weide sein, und ich will euer Gott sein, spricht der HERR HERR.

35. Kapitel

Weissagung wider Edom.

1 Und des HERRN Wort geschah zu mir und sprach:

2 Du Menschenkind, richte dein Angesicht wider das Gebirge Seir und weissage dawider,

3 und sprich zu ihm: So spricht der HERR HERR: Siehe, ich will an dich, du Berg Seir, und meine Hand wider dich ausstrecken und will dich gar wüst machen.

4 Ich will deine Städte öde machen, daß du sollst zur Wüste werden und erfahren, daß ich der HERR bin.

5 Darum, daß ihr ewige Feindschaft tragt wider die Kinder Israel und triebet sie ins Schwert zur Zeit, da es ihnen übel ging und ihre Missetat zum Ende gekommen war,

6 darum, so wahr ich lebe, spricht der HERR HERR, will ich dich auch blutend machen, und du

sollst dem Bluten nicht entrinnen; weil du Lust zum Blut hast, sollst du dem Bluten nicht entrinnen.

7 Und ich will den Berg Seir wüst und öde machen, daß niemand darauf wandeln noch gehen soll.

8 Und will sein Gebirge und alle Hügel, Täler und alle Gründe voll Toter machen, die durchs Schwert sollen erschlagen daliegen.

9 Ja, zu einer ewigen Wüste will ich dich machen, daß niemand in deinen Städten wohnen soll; und ihr sollt erfahren, daß ich der HERR bin.

10 Und darum daß du sprichst: Diese beiden Völker mit beiden Ländern müssen mein werden, und wir wollen sie einnehmen, obgleich der HERR da wohnt,

11 darum, so wahr ich lebe, spricht der HERR HERR, will ich nach deinem Zorn und Haß mit dir umgehen, wie du mit ihnen umgegangen bist aus lauter Haß, und ich will bei ihnen bekannt werden, wenn ich dich gestraft habe.

12 Und du sollst erfahren, daß ich, der HERR, all dein Lästern gehört habe, so du geredet hast wider die Berge Israels und gesagt: "Sie sind verwüstet und uns zu verderben gegeben."

13 Und ihr habt euch wider mich gerühmt und heftig wider mich geredet; das habe ich gehört.

14 So spricht nun der HERR HERR: Ich will dich zur Wüste machen, daß sich alles Land freuen soll.

15 Und wie du dich gefreut hast über das Erbe des Hauses Israel, darum daß es wüst geworden, ebenso will ich mit dir tun, daß der Berg Seir wüst sein muß samt dem ganzen Edom; und sie sollen erfahren, daß ich der HERR bin.

36. Kapitel

Israels Erlösung. Verheißung eines neuen Herzens und eines gesegneten Landes.

1 Und du, Menschenkind, weissage den Bergen Israels und sprich: Höret des HERRN Wort ihr Berge Israels!
2 So spricht der HERR HERR: Darum, daß der Feind über euch rühmt: Ha! die ewigen Höhen sind nun unser Erbe geworden!
3 darum weissage und sprich: So spricht der HERR HERR: Weil man euch allenthalben verwüstet und vertilgt, und ihr seid den übrigen Heiden zuteil geworden und seid den Leuten ins Maul gekommen und ein böses Geschrei geworden,
4 darum hört, ihr Berge Israels, das Wort des HERRN HERRN! So spricht der HERR HERR zu den Bergen und Hügeln, zu den Bächen und Tälern, zu den öden Wüsten und verlassenen Städten, welche den übrigen Heiden ringsumher zum Raub und Spott geworden sind:

5 ja, so spricht der HERR HERR: Ich habe in meinem feurigen Eifer geredet wider die Heiden und wider das ganze Edom, welche mein Land eingenommen haben mit Freuden von ganzem Herzen und mit Hohnlachen, es zu verheeren und zu plündern.

6 Darum weissage von dem Lande Israel und sprich zu den Bergen und Hügeln, zu den Bächen und Tälern: So spricht der HERR HERR: Siehe, ich habe in meinem Eifer und Grimm geredet, weil ihr solche Schmach von den Heiden tragen müsset.

7 Darum spricht der HERR HERR also: Ich hebe meine Hand auf, daß eure Nachbarn, die Heiden umher, ihre Schande tragen sollen.

8 Aber ihr Berge Israels sollt wieder grünen und eure Frucht bringen meinem Volk Israel; und es soll in kurzem geschehen.

9 Denn siehe, ich will mich wieder zu euch wenden und euch ansehen, daß ihr gebaut und besät werdet;

10 und will bei euch der Leute viel machen, das ganze Israel allzumal; und die Städte sollen wieder bewohnt und die Wüsten erbaut werden.

11 Ja, ich will bei euch der Leute und des Viehs viel machen, daß sie sich mehren und wachsen sollen. Und ich will euch wieder bewohnt machen wie vorher und will euch mehr Gutes tun denn zuvor je; und ihr sollt erfahren, daß ich der HERR sei.

12 Ich will euch Leute herzubringen, mein Volk Israel, die werden dich besitzen; und sollst ihr Erbteil sein und sollst sie nicht mehr ohne Erben machen.

13 So spricht der HERR HERR: Weil man das von euch sagt: Du hast Leute gefressen und hast dein Volk ohne Erben gemacht,

14 darum sollst du nun nicht mehr Leute fressen noch dein Volk ohne Erben machen, spricht der HERR HERR.

15 Und ich will dich nicht mehr lassen hören die Schmähung der Heiden, und sollst den Spott der Heiden nicht mehr tragen und sollst dein Volk nicht mehr ohne Erben machen, spricht der HERR HERR.

16 Und des HERRN Wort geschah weiter zu mir:

17 Du Menschenkind, da das Haus Israel in seinem Lande wohnte und es verunreinigte mit seinem Wesen und Tun, daß ihr Wesen vor mir war wie die Unreinigkeit eines Weibes in ihrer Krankheit,

18 da schüttete ich meinen Grimm über sie aus um des Blutes willen, das sie im Lande vergossen, und weil sie es verunreinigt hatten durch ihre Götzen.

19 Und ich zerstreute sie unter die Heiden und zerstäubte sie in die Länder und richtete sie nach ihrem Wesen und Tun.

20 Und sie hielten sich wie die Heiden, zu denen sie kamen, und entheiligten meinen heiligen Namen, daß man von ihnen sagte: Ist

das des HERRN Volk, das aus seinem Lande hat müssen ziehen?

21 Aber ich schonte meines heiligen Namens, welchen das Haus Israel entheiligte unter den Heiden, dahin sie kamen.

22 Darum sollst du zum Hause Israel sagen: So spricht der HERR HERR: Ich tue es nicht um euretwillen, ihr vom Hause Israel, sondern um meines heiligen Namens willen, welchen ihr entheiligt habt unter den Heiden, zu welchen ihr gekommen seid.

23 Denn ich will meinen großen Namen, der vor den Heiden entheiligt ist, den ihr unter ihnen entheiligt habt, heilig machen. Und die Heiden sollen erfahren, daß ich der HERR sei, spricht der HERR HERR, wenn ich mich vor ihnen an euch erzeige, daß ich heilig sei.

24 Denn ich will euch aus den Heiden holen und euch aus allen Landen versammeln und wieder in euer Land führen.

25 Und will reines Wasser über euch sprengen, daß ihr rein werdet; von all eurer Unreinigkeit und von allen euren Götzen will ich euch reinigen.

26 Und ich will euch ein neues Herz und einen neuen Geist in euch geben und will das steinerne Herz aus eurem Fleische wegnehmen und euch ein fleischernes Herz geben;

27 ich will meinen Geist in euch geben und will solche Leute aus euch machen, die in meinen

Geboten wandeln und meine Rechte halten und danach tun.

28 Und ihr sollt wohnen im Lande, das ich euren Vätern gegeben habe, und sollt mein Volk sein, und ich will euer Gott sein.

29 Ich will euch von aller Unreinigkeit losmachen und will dem Korn rufen und will es mehren und will euch keine Teuerung kommen lassen.

30 Ich will die Früchte auf den Bäumen und das Gewächs auf dem Felde mehren, daß euch die Heiden nicht mehr verspotten mit der Teuerung.

31 Alsdann werdet ihr an euer böses Wesen gedenken und an euer Tun, das nicht gut war, und wird euch eure Sünde und Abgötterei gereuen.

32 Solches will ich tun, nicht um euretwillen, spricht der HERR HERR, daß ihr's wißt; sondern ihr werdet schamrot werden, ihr vom Hause Israel, über eurem Wesen.

33 So spricht der HERR HERR: Zu der Zeit, wann ich euch reinigen werde von allen euren Sünden, so will ich die Städte wieder besetzen, und die Wüsten sollen wieder gebaut werden.

34 Das verwüstete Land soll wieder gepflügt werden, dafür es verheert war; daß es sehen sollen alle, die dadurchgehen,

35 und sagen: Dies Land war verheert, und jetzt ist's wie der Garten Eden; und diese Städte waren zerstört, öde und zerrissen, und stehen nun fest gebaut.

36 Und die Heiden, so um euch her übrigbleiben werden, sollen erfahren, daß ich der HERR bin, der da baut, was zerrissen ist, und pflanzt, was verheert war. Ich, der HERR, sage es und tue es auch.

37 So spricht der HERR HERR: Auch darin will ich mich vom Hause Israel finden lassen, daß ich es ihnen erzeige: ich will die Menschen bei ihnen mehren wie eine Herde.

38 Wie eine heilige Herde, wie eine Herde zu Jerusalem auf ihren Festen, so sollen die verheerten Städte voll Menschenherden werden und sollen erfahren, daß ich der HERR bin.

37. Kapitel

Israels Auferstehung und Wiedervereinigung.

1 Und des HERRN Wort kam über mich, und er führte mich hinaus im Geist des HERRN und stellte mich auf ein weites Feld, das voller Totengebeine lag.

2 Und er führte mich allenthalben dadurch. Und siehe, des Gebeins lag sehr viel auf dem Feld; und siehe, sie waren sehr verdorrt.

3 Und er sprach zu mir: Du Menschenkind, meinst du auch, daß diese Gebeine wieder lebendig werden? Und ich sprach: HERR HERR, das weißt du wohl.

4 Und er sprach zu mir: Weissage von diesen Gebeinen und sprich zu ihnen: Ihr verdorrten Gebeine, höret des HERRN Wort!

5 So spricht der HERR HERR von diesen Gebeinen: Siehe, ich will einen Odem in euch bringen, daß ihr sollt lebendig werden.

6 Ich will euch Adern geben und Fleisch lassen über euch wachsen und euch mit Haut überziehen und will euch Odem geben, daß ihr wieder lebendig werdet, und ihr sollt erfahren, daß ich der HERR bin.

7 Und ich weissagte, wie mir befohlen war; und siehe, da rauschte es, als ich weissagte, und siehe, es regte sich, und die Gebeine kamen wieder zusammen, ein jegliches zu seinem Gebein.

8 Und ich sah, und siehe, es wuchsen Adern und Fleisch darauf, und sie wurden mit Haut überzogen; es war aber noch kein Odem in ihnen.

9 Und er sprach zu mir: Weissage zum Winde; weissage, du Menschenkind, und sprich zum Wind: So spricht der HERR HERR: Wind komm herzu aus den vier Winden und blase diese Getöteten an, daß sie wieder lebendig werden!

10 Und ich weissagte, wie er mir befohlen hatte. Da kam Odem in sie, und sie wurden wieder lebendig und richteten sich auf ihre Füße. Und ihrer war ein großes Heer.

11 Und er sprach zu mir: Du Menschenkind, diese Gebeine sind das ganze Haus Israel.

Siehe, jetzt sprechen sie: Unsere Gebeine sind verdorrt, und unsere Hoffnung ist verloren, und es ist aus mit uns.

12 Darum weissage und sprich zu ihnen: So spricht der HERR HERR: Siehe, ich will eure Gräber auftun und will euch, mein Volk, aus denselben herausholen und euch ins Land Israel bringen;

13 und ihr sollt erfahren, daß ich der HERR bin, wenn ich eure Gräber geöffnet und euch, mein Volk, aus denselben gebracht habe.

14 Und ich will meinen Geist in euch geben, daß ihr wieder leben sollt, und will euch in euer Land setzen, und sollt erfahren, daß ich der HERR bin. Ich rede es und tue es auch, spricht der HERR.

15 Und des HERRN Wort geschah zu mir und sprach:

16 Du Menschenkind, nimm dir ein Holz und schreibe darauf: Des Juda und der Kinder Israel, seiner Zugetanen. Und nimm noch ein Holz und schreibe darauf: Des Joseph, nämlich das Holz Ephraims, und des ganzen Hauses Israel, seiner Zugetanen.

17 Und tue eins zum andern zusammen, daß es ein Holz werde in deiner Hand.

18 So nun dein Volk zu dir wird sagen und sprechen: Willst du uns nicht zeigen, was du damit meinst?

19 So sprich zu ihnen: So spricht der HERR HERR: Siehe, ich will das Holz Josephs, welches

ist in Ephraims Hand, nehmen mit samt seinen Zugetanen, den Stämmen Israels, und will sie zu dem Holz Juda's tun und ein Holz daraus machen, und sollen eins in meiner Hand sein.

20 Und sollst also die Hölzer, darauf du geschrieben hast, in deiner Hand halten, daß sie zusehen,

21 und sollst zu ihnen sagen: So spricht der HERR HERR: Siehe, ich will die Kinder Israel holen aus den Heiden, dahin sie gezogen sind, und will sie allenthalben sammeln und will sie wieder in ihr Land bringen

22 und will ein Volk aus ihnen machen im Lande auf den Bergen Israels, und sie sollen allesamt einen König haben und sollen nicht mehr zwei Völker noch in zwei Königreiche zerteilt sein;

23 sollen sich auch nicht mehr verunreinigen mit ihren Götzen und Gräueln und allerlei Sünden. Ich will ihnen heraushelfen aus allen Örtern, da sie gesündigt haben, und will sie reinigen; und sie sollen mein Volk sein, und ich will ihr Gott sein.

24 Und mein Knecht David soll ihr König und ihrer aller einiger Hirte sein. Und sie sollen wandeln in meinen Rechten und meine Gebote halten und darnach tun.

25 Und sie sollen wieder in dem Lande wohnen, das ich meinem Knecht Jakob gegeben habe, darin ihre Väter gewohnt haben. Sie sollen darin

wohnen ewiglich, und mein Knecht David soll ewiglich ihr Fürst sein.

26 Und ich will mit ihnen einen Bund des Friedens machen, das soll ein ewiger Bund sein mit ihnen; und will sie erhalten und mehren, und mein Heiligtum soll unter ihnen sein ewiglich.

27 Und ich will unter ihnen wohnen und will ihr Gott sein, und sie sollen mein Volk sein,

28 daß auch die Heiden sollen erfahren, daß ich der HERR bin, der Israel heilig macht, wenn mein Heiligtum ewiglich unter ihnen sein wird.

38. Kapitel

Weissagung vom Einfall Gogs (24) ins Land Israel und von seiner Niederlage.

1 Und des HERRN Wort geschah zu mir und sprach:

2 Du Menschenkind, wende dich gegen Gog, der im Lande Magog ist und der oberste Fürst in Mesech und Thubal, und weissage von ihm

3 und sprich: So spricht der HERR HERR: Siehe, ich will an dich, Gog! der du der oberste Fürst bist in Mesech und Thubal.

4 Siehe, ich will dich herumlenken und will dir einen Zaum ins Maul legen und will dich herausführen mit allem deinem Heer, Roß und Mann, die alle wohl gekleidet sind; und ihrer ist

ein großer Haufe, die alle Tartsche (13) und Schild und Schwert führen.

5 Du führst mit dir Perser, Mohren und Libyer, die alle Schild und Helm führen,

6 dazu Gomer und all sein Heer samt dem Hause Thogarma, so gegen Mitternacht liegt, mit all seinem Heer; ja, du führst ein großes Volk mit dir.

7 Wohlan, rüste dich wohl, du und alle deine Haufen, so bei dir sind, und sei du ihr Hauptmann!

8 Nach langer Zeit sollst du heimgesucht werden. Zur letzten Zeit wirst du kommen in das Land, das vom Schwert wiedergebracht und aus vielen Völkern zusammengekommen ist, nämlich auf die Berge Israels, welche lange Zeit wüst gewesen sind; und nun ist es ausgeführt aus den Völkern, und wohnen alle sicher.

9 Du wirst heraufziehen und daherkommen mit großem Ungestüm; und wirst sein wie eine Wolke, das Land zu bedecken, du und all dein Heer und das große Volk mit dir.

10 So spricht der HERR HERR: Zu der Zeit wirst du solches vornehmen und wirst Böses im Sinn haben

11 und gedenken: "Ich will das Land ohne Mauern überfallen und über sie kommen, so still und sicher wohnen, als die alle ohne Mauern dasitzen und haben weder Riegel noch Tore",

12 auf daß du rauben und plündern mögest und deine Hand lassen gehen über die verstörten

Örter, so wieder bewohnt sind, und über das Volk, so aus den Heiden zusammengerafft ist und sich in die Nahrung und Güter geschickt hat und mitten auf der Erde wohnt.

13 Das reiche Arabien, Dedan und die Kaufleute von Tharsis und alle Gewaltigen, die daselbst sind, werden dir sagen: Ich meine ja, du seist recht gekommen, zu rauben, und hast deine Haufen versammelt, zu plündern, auf daß du wegnimmst Silber und Gold und sammelst Vieh und Güter, und großen Raub treibest.

14 Darum so weissage, du Menschenkind, und sprich zu Gog: So spricht der HERR HERR: Ist's nicht also, daß du wirst merken, wenn mein Volk Israel sicher wohnen wird?

15 So wirst du kommen aus deinem Ort, von den Enden gegen Mitternacht, du und großes Volk mit dir, alle zu Rosse, ein großer Haufe und ein mächtiges Heer,

16 und wirst heraufziehen über mein Volk Israel wie eine Wolke, das Land zu bedecken. Solches wird zur letzten Zeit geschehen. Ich will dich aber darum in mein Land kommen lassen, auf daß die Heiden mich erkennen, wie ich an dir, o Gog, geheiligt werde vor ihren Augen.

17 So spricht der HERR HERR: Du bist's, von dem ich vorzeiten gesagt habe durch meine Diener, die Propheten in Israel, die zur selben Zeit weissagten, daß ich dich über sie kommen lassen wollte.

18 Und es wird geschehen zu der Zeit, wann Gog kommen wird über das Land Israel, spricht der HERR HERR, wird heraufziehen mein Zorn in meinem Grimm.

19 Und ich rede solches in meinem Eifer und im Feuer meines Zorns. Denn zur selben Zeit wird großes Zittern sein im Lande Israel,

20 daß vor meinem Angesicht zittern sollen die Fische im Meer, die Vögel unter dem Himmel, die Tiere auf dem Felde und alles, was sich regt und bewegt auf dem Lande, und alle Menschen, so auf der Erde sind; und sollen die Berge umgekehrt werden und die Felswände und alle Mauern zu Boden fallen.

21 Ich will aber wider ihn herbeirufen das Schwert auf allen meinen Bergen, spricht der HERR HERR, daß eines jeglichen Schwert soll wider den andern sein.

22 Und ich will ihn richten mit Pestilenz und Blut und will regnen lassen Platzregen mit Schloßen (25), Feuer und Schwefel über ihn und sein Heer und über das große Volk, das mit ihm ist.

23 Also will ich denn herrlich, heilig und bekannt werden vor vielen Heiden, daß sie erfahren sollen, daß ich der HERR bin.

39. Kapitel

Fortsetzung der Weissagung vom Untergang Gogs. Israels Wiederkehr.

1 Und du, Menschenkind, weissage wider Gog und sprich: Also spricht der HERR HERR: Siehe, ich will an dich, Gog, der du der oberste Fürst bist in Mesech und Thubal.
2 Siehe, ich will dich herumlenken und locken und aus den Enden von Mitternacht bringen und auf die Berge Israels kommen lassen.
3 Und ich will dir den Bogen aus deiner linken Hand schlagen und deine Pfeile aus deiner rechten Hand werfen.
4 Auf den Bergen Israels sollst du niedergelegt werden, du mit allem deinem Heer und mit dem Volk, das bei dir ist. Ich will dich den Vögeln, woher sie fliegen, und den Tieren auf dem Felde zu fressen geben.
5 Du sollst auf dem Felde darniederliegen; denn ich, der HERR HERR, habe es gesagt.
6 Und ich will Feuer werfen über Magog und über die, so in den Inseln sicher wohnen; und sollen's erfahren, daß ich der HERR bin.
7 Denn ich will meinen heiligen Namen kundmachen unter meinem Volk Israel und will meinen heiligen Namen nicht länger schänden lassen; sondern die Heiden sollen erfahren, daß ich der HERR bin, der Heilige in Israel.

8 Siehe, es ist gekommen und ist geschehen, spricht der HERR HERR; das ist der Tag, davon ich geredet habe.

9 Und die Bürger in den Städten Israels werden herausgehen und Feuer machen und verbrennen die Waffen, Schilde, Tartschen, Bogen, Pfeile, Keulen und langen Spieße; und sie werden sieben Jahre lang Feuer damit machen,

10 daß sie nicht müssen Holz auf dem Felde holen noch im Walde hauen, sondern von den Waffen werden sie Feuer machen; und sollen die berauben, von denen sie beraubt sind, und plündern, von denen sie geplündert sind, spricht der HERR HERR.

11 Und soll zu der Zeit geschehen, da will ich Gog einen Ort geben zum Begräbnis in Israel, nämlich das Tal, da man geht am Meer gegen Morgen, also daß die, so vorübergehen, sich davor scheuen werden, weil man daselbst Gog mit seiner Menge begraben hat; und soll heißen "Gogs Haufental".

12 Es wird sie aber das Haus Israel begraben sieben Monden lang, damit das Land gereinigt werde.

13 Ja, alles Volk im Lande wird an ihnen zu begraben haben, und sie werden Ruhm davon haben des Tages, da ich meine Herrlichkeit erzeige, spricht der HERR HERR.

14 Und sie werden Leute aussondern, die stets im Lande umhergehen und mit ihnen die Totengräber, zu begraben die übrigen auf dem

Lande, damit es gereinigt werde; nach sieben Monden werden sie forschen.

15 Und die, so im Lande umhergehen und eines Menschen Gebein sehen, werden dabei ein Mal aufrichten, bis es die Totengräber auch in Gogs Haufental begraben.

16 So soll auch die Stadt heißen Hamona. Also werden sie das Land reinigen.

17 Nun, du Menschenkind, so spricht der HERR HERR: Sage allen Vögeln, woher sie fliegen, und allen Tieren auf dem Felde: Sammelt euch und kommt her, findet euch allenthalben zuhauf zu meinem Schlachtopfer, das ich euch schlachte, ein großes Schlachtopfer auf den Bergen Israels, fresset Fleisch und saufet Blut!

18 Fleisch der Starken sollt ihr fressen, und Blut der Fürsten auf Erden sollt ihr saufen, der Widder, der Hammel, der Böcke, der Ochsen, die allzumal feist und gemästet sind.

19 Und sollt das Fett fressen, daß ihr voll werdet, und das Blut saufen, daß ihr trunken werdet, von dem Schlachtopfer, das ich euch schlachte.

20 Sättigt euch nun an meinem Tisch von Rossen und Reitern, von Starken und allerlei Kriegsleuten, spricht der HERR HERR.

21 Und ich will meine Herrlichkeit unter die Heiden bringen, daß alle Heiden sehen sollen mein Urteil, das ich habe ergehen lassen, und meine Hand, die ich an sie gelegt habe,

22 und also das ganze Haus Israel erfahre, daß ich, der HERR, ihr Gott bin von dem Tage an und hinfürder (26),

23 und die Heiden erfahren, wie das Haus Israel um seiner Missetat willen sei weggeführt. Weil sie sich an mir versündigt hatten, darum habe ich mein Angesicht vor ihnen verborgen und habe sie übergeben in die Hände ihrer Widersacher, daß sie allzumal durchs Schwert fallen mußten.

24 Ich habe ihnen getan, wie ihre Sünde und Übertretung verdient haben, und also mein Angesicht vor ihnen verborgen.

25 Darum so spricht der HERR HERR: Nun will ich das Gefängnis Jakobs wenden und mich des ganzen Hauses Israel erbarmen und um meinen heiligen Namen eifern.

26 Sie aber werden ihre Schmach und alle ihre Sünde, damit sie sich an mir versündigt haben, tragen, wenn sie nun sicher in ihrem Lande wohnen, daß sie niemand schrecke,

27 und ich sie wieder aus den Völkern gebracht und aus den Landen ihrer Feinde versammelt habe und ich an ihnen geheiligt worden bin vor den Augen vieler Heiden.

28 Also werden sie erfahren, daß ich, der HERR, ihr Gott bin, der ich sie habe lassen unter die Heiden wegführen und wiederum in ihr Land versammeln und nicht einen von ihnen dort gelassen habe.

29 Und ich will mein Angesicht nicht mehr vor ihnen verbergen; denn ich habe meinen Geist über das Haus Israel ausgegossen, spricht der HERR HERR.

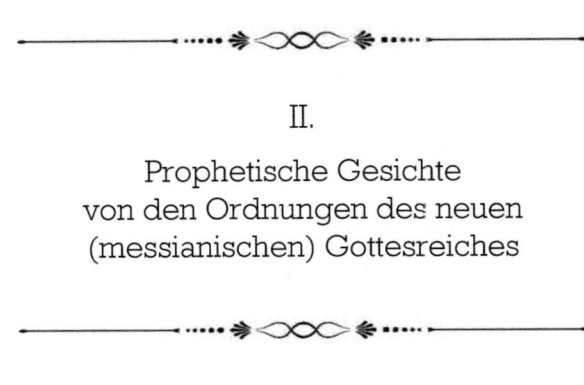

II.
Prophetische Gesichte von den Ordnungen des neuen (messianischen) Gottesreiches

40. Kapitel

Gesicht vom neuen Tempel.
Seine Vorhöfe, Tore und Hallen.

1 Im fünfundzwanzigsten Jahr unserer Gefangenschaft, im Anfang des Jahres, am zehnten Tage des Monats, im vierzehnten Jahr, nachdem die Stadt geschlagen war, eben an diesem Tage kam des HERRN Hand über mich und führte mich dahin.

2 Durch göttliche Gesichte führte er mich ins Land Israel und stellte mich auf einen hohen Berg, darauf war's wie eine gebaute Stadt gegen Mittag.

3 Und da er mich hingebracht hatte, siehe, da war ein Mann, des Ansehen war wie Erz; der

hatte eine lange leinene Schnur und eine Meßrute in seiner Hand und stand unter dem Tor.

4 Und er sprach zu mir: Du Menschenkind, siehe und höre fleißig zu und merke auf alles, was ich dir zeigen will. Denn darum bist du hergebracht, daß ich dir solches zeige, auf daß du solches alles, was du hier siehst, verkündigst dem Hause Israel.

5 Und siehe, es ging eine Mauer auswendig um das Haus ringsumher. Und der Mann hatte die Meßrute in der Hand, die war sechs Ellen lang; eine jegliche Elle war eine Handbreit länger denn eine gemeine Elle. Und er maß das Gebäude in die Breite eine Rute und in die Höhe auch eine Rute.

6 Und er ging ein zum Tor, das gegen Morgen lag, und ging hinauf auf seinen Stufen und maß die Schwelle, eine Rute breit.

7 Und die Gemächer, so beiderseits neben dem Tor waren, maß er auch nach der Länge eine Rute und nach der Breite eine Rute; und der Raum zwischen den Gemächern war fünf Ellen weit. Und er maß auch die Schwelle am Tor neben der Halle, die nach dem Hause zu war, eine Rute.

8 Und er maß die Halle am Tor, die nach dem Hause zu war, eine Rute.

9 Und maß die Halle am Tor acht Ellen und ihre Pfeiler zwei Ellen, und die Halle am Tor war nach dem Hause zu.

10 Und der Gemächer waren auf jeglicher Seite drei am Tor gegen Morgen, je eins so weit wie das andere, und die Pfeiler auf beiden Seiten waren gleich groß.

11 Darnach maß er die Weite der Tür im Tor zehn Ellen und die Länge des Tors dreizehn Ellen.

12 Und vorn an den Gemächern war Raum abgegrenzt auf beiden Seiten, je eine Elle; aber die Gemächer waren je sechs Ellen auf beiden Seiten.

13 Dazu maß er das Tor vom Dach der Gemächer auf der einen Seite bis zum Dach der Gemächer auf der andern Seite fünfundzwanzig Ellen breit; und eine Tür stand gegenüber der andern.

14 Und er machte die Pfeiler sechzig Ellen, und an den Pfeilern war der Vorhof, am Tor ringsherum.

15 Und vom Tor, da man hineingeht, bis außen an die Halle an der innern Seite des Tors waren fünfzig Ellen.

16 Und es waren enge Fensterlein an den Gemächern und an den Pfeilern hineinwärts am Tor ringsumher. Also waren auch Fenster inwendig an der Halle herum, und an den Pfeilern war Palmlaubwerk.

17 Und er führte mich weiter zum äußern Vorhof, und siehe, da waren Kammern und ein Pflaster gemacht am Vorhofe herum; dreißig Kammern waren auf dem Pflaster.

18 Und es war das Pflaster zur Seite der Tore, solang die Tore waren, nämlich das untere Pflaster.

19 Und er maß die Breite von dem untern Tor an bis vor den innern Hof auswendig hundert Ellen, gegen Morgen und gegen Mitternacht.

20 Er maß auch das Tor, so gegen Mitternacht lag, am äußern Vorhof, nach der Länge und Breite.

21 Das hatte auch auf jeder Seite drei Gemächer und hatte auch seine Pfeiler und Halle, gleich so groß wie am vorigen Tor, fünfzig Ellen die Länge und fünfundzwanzig Ellen die Breite.

22 Und hatte auch seine Fenster und seine Halle und sein Palmlaubwerk, gleich wie das Tor gegen Morgen; und hatte seine Halle davor.

23 Und es waren Tore am innern Vorhof gegenüber den Toren, so gegen Mitternacht und Morgen standen; und er maß hundert Ellen von einem Tor zum andern.

24 Darnach führte er mich gegen Mittag, und siehe, da war auch ein Tor gegen Mittag; und er maß seine Pfeiler und Halle gleich wie die andern.

25 Und es waren auch Fenster an ihm und an seiner Halle umher, gleich wie jene Fenster; und es war fünfzig Ellen lang und fünfundzwanzig Ellen breit.

26 Und waren auch sieben Stufen hinauf und

eine Halle davor und Palmlaubwerk an ihren Pfeilern auf jeglicher Seite.

27 Und es war auch ein Tor am innern Vorhof gegen Mittag, und er maß hundert Ellen von dem einen Mittagstor zum andern.

28 Und er führte mich weiter durchs Mittagstor in den innern Vorhof und maß dasselbe Tor gleich so groß wie die andern,

29 mit seinen Gemächern, Pfeilern und Halle und mit Fenstern an ihm und an seiner Halle, ebenso groß wie jene, ringsumher; und es waren fünfzig Ellen lang und fünfundzwanzig Ellen breit.

30 Und es ging eine Halle herum, fünfundzwanzig Ellen lang und fünf Ellen breit.

31 Und die Halle, so gegen den äußeren Vorhof stand, hatte auch Palmlaubwerk an den Pfeilern; es waren aber acht Stufen hinaufzugehen.

32 Darnach führte er mich zum innern Vorhof gegen Morgen und maß das Tor gleich so groß wie die andern,

33 mit seinen Gemächern, Pfeilern und Halle, gleich so groß wie die andern, und mit Fenstern an ihm und an seiner Halle ringsumher; und es war fünfzig Ellen lang und fünfundzwanzig Ellen breit.

34 Und seine Halle stand auch gegen den äußern Vorhof und Palmlaubwerk an ihren Pfeilern zu beiden Seiten und acht Stufen hinauf.

35 Darnach führte er mich zum Tor gegen

Mitternacht; das maß er gleich so groß wie die andern,

36 mit seinen Gemächern, Pfeilern und Halle und ihren Fenstern ringsumher, fünfzig Ellen lang und fünfundzwanzig Ellen breit.

37 Und seine Halle stand auch gegen den äußern Vorhof und Palmlaubwerk an den Pfeilern zu beiden Seiten und acht Stufen hinauf.

38 Und unten an den Pfeilern an jedem Tor war eine Kammer mit einer Tür, darin man das Brandopfer wusch.

39 Aber in der Halle des Tors standen auf jeglicher Seite zwei Tische, darauf man die Brandopfer, Sündopfer und Schuldopfer schlachten sollte.

40 Und herauswärts zur Seite, da man hinaufgeht zum Tor gegen Mitternacht, standen auch zwei Tische und an der andern Seite unter der Halle des Tors auch zwei Tische.

41 Also standen auf jeder Seite des Tors vier Tische; das sind zusammen acht Tische, darauf man schlachtete.

42 Und noch vier Tische, zum Brandopfer gemacht, die waren aus gehauenen Steinen, je anderthalb Ellen lang und breit und eine Elle hoch, darauf man legte allerlei Geräte, womit man Brandopfer und andere Opfer schlachtete.

43 Und es gingen Leisten herum, hineinwärts gebogen, eine quere Hand hoch. Und auf die Tische sollte man das Opferfleisch legen.

44 Und außen vor dem innern Tor waren zwei Kammern im innern Vorhofe: eine an der Seite neben dem Tor zur Mitternacht, die sah gegen Mittag; die andere zur Seite des Tors gegen Mittag, die sah gegen Mitternacht.

45 Und er sprach zu mir: Die Kammer gegen Mittag gehört den Priestern, die im Hause dienen sollen;

46 aber die Kammer gegen Mitternacht gehört den Priestern, die auf dem Altar dienen. Dies sind die Kinder Zadok, welche allein unter den Kindern Levi vor den HERRN treten sollen, ihm zu dienen.

47 Und er maß den Vorhof, nämlich hundert Ellen lang und hundert Ellen breit ins Gevierte; und der Altar stand vorn vor dem Tempel.

48 Und er führte mich hinein zur Halle des Tempels und maß die Pfeiler der Halle fünf Ellen auf jeder Seite und das Tor vierzehn Ellen, und die Wände zu beiden Seiten an der Tür drei Ellen auf jeder Seite.

49 Aber die Halle war zwanzig Ellen lang und elf Ellen weit und hatte Stufen, da man hinaufging; und Säulen standen an den Pfeilern, auf jeder Seite eine.

41. Kapitel

Beschreibung des inneren Tempels.

1 Und er führte mich hinein in den Tempel und maß die Pfeiler an den Wänden; die waren zu jeder Seite sechs Ellen breit, soweit das Haus war.
2 Und die Tür war zehn Ellen weit; aber die Wände zu beiden Seiten an der Tür waren jede fünf Ellen breit. Und er maß den Raum im Tempel; der hatte vierzig Ellen in die Länge und zwanzig Ellen in die Breite.
3 Und er ging inwendig hinein und maß die Pfeiler der Tür zwei Ellen; und die Tür hatte sechs Ellen, und die Breite zu beiden Seiten an der Tür je sieben Ellen.
4 Und er maß zwanzig Ellen in die Breite am Tempel. Und er sprach zu mir: Dies ist das Allerheiligste.
5 Und er maß die Wand des Hauses sechs Ellen dick. Daran waren Gänge allenthalben herum, geteilt in Gemächer, die waren allenthalben vier Ellen weit.
6 Und derselben Gemächer waren je dreißig, dreimal übereinander, und reichten bis auf die Wand des Hauses, an der die Gänge waren allenthalben herum, und wurden also festgehalten, daß sie in des Hauses Wand nicht eingriffen.

7 Und die Gänge rings um das Haus her mit ihren Gemächern waren umso weiter, je höher sie lagen; und aus dem untern ging man in den mittleren und aus dem mittleren in den obersten.
8 Und ich sah am Hause eine Erhöhung ringsumher als Grundlage der Gänge, die hatte eine volle Rute von sechs Ellen bis an den Rand.
9 Und die Breite der Wand außen an den Gängen war fünf Ellen; und es war ein freigelassener Raum an den Gemächern am Hause.
10 Und die Breite bis zu den Kammern war zwanzig Ellen um das Haus herum.
11 Und es waren zwei Türen an den Gängen nach dem freigelassenen Raum, eine gegen Mitternacht, die andere gegen Mittag; und der freigelassene Raum war fünf Ellen weit ringsumher.
12 Und das Gebäude am Hofraum gegen Abend war siebzig Ellen weit und die Mauer des Gebäudes war fünf Ellen breit allenthalben umher, und es war neunzig Ellen lang.
13 Und er maß die Länge des Hauses, die hatte hundert Ellen; und der Hofraum samt dem Gebäude und seinen Mauern war auch hundert Ellen lang.
14 Und die Weite der vordern Seite des Hauses samt dem Hofraum gegen Morgen war auch hundert Ellen.
15 Und er maß die Länge des Gebäudes am Hofraum, welches hinter ihm liegt, mit seinen

Umgängen von der Seite bis zur andern hundert Ellen, und den innern Tempel und die Hallen im Vorhofe

16 samt den Schwellen, den engen Fenstern und den drei Umgängen ringsumher; und es war Tafelwerk allenthalben herum.

17 Er maß auch, wie hoch von der Erde bis zu den Fenstern war und wie breit die Fenster sein sollten; und maß vom Tor bis zum Allerheiligsten auswendig und inwendig herum.

18 Und am ganzen Hause herum waren Cherubim und Palmlaubwerk zwischen die Cherubim gemacht.

19 Und ein jeder Cherub hatte zwei Angesichter: auf einer Seite wie ein Menschenkopf, auf der andern Seite wie ein Löwenkopf.

20 Vom Boden an bis hinauf über die Tür waren die Cherubim und die Palmen geschnitzt, desgleichen an der Wand des Tempels.

21 Und die Türpfosten im Tempel waren viereckig, und war alles artig aneinander gefügt.

22 Und der hölzerne Altar war drei Ellen hoch und zwei Ellen lang und breit, und seine Ecken und alle seine Seiten waren hölzern. und er sprach zu mir: Das ist der Tisch, der vor dem HERRN stehen soll.

23 Und die Türen am Tempel und am Allerheiligsten

24 hatten zwei Türflügel, und ein jeder

derselben hatte zwei Blätter, die man auf und zu tat.
25 Und waren auch Cherubim und Palmlaubwerk daran wie an den Wänden. Und ein hölzerner Aufgang war außen vor der Halle.
26 Und es waren enge Fenster und viel Palmlaubwerk herum an der Halle und an den Wänden.

42. Kapitel

Nebengebäude und Maße des Tempels.

1 Und er führte mich hinaus zum äußeren Vorhof gegen Mitternacht und brachte mich zu den Kammern, so gegenüber dem Hofraum und gegenüber dem Gebäude nach Mitternacht zu lagen,
2 entlang den hundert Ellen an der Tür gegen Mitternacht; und ihre Breite war fünfzig Ellen.
3 Gegenüber den zwanzig Ellen des innern Vorhofs und gegenüber dem Pflaster im äußern Vorhof war Umgang an Umgang dreifach.
4 Und inwendig vor den Kammern war ein Weg zehn Ellen breit vor den Türen der Kammern; die lagen alle gegen Mitternacht.
5 Und die obern Kammern waren enger als die untern Kammern; denn die Umgänge nahmen Raum von ihnen weg.
6 Denn es waren drei Gemächer hoch, und sie

hatten keine Säulen, wie die Vorhöfe Säulen hatten. Darum war von den untern und mittleren Kammern Raum weggenommen von untenan.

7 Und die Mauer außen vor den Kammern nach dem äußeren Vorhof war fünfzig Ellen lang.

8 Denn die Länge der Kammern nach dem äußeren Vorhof zu war fünfzig Ellen; aber gegen den Tempel waren es hundert Ellen.

9 Und unten an diesen Kammern war ein Eingang gegen Morgen, da man aus dem äußeren Vorhof zu ihnen hineinging.

10 Und an der Mauer gegen Mittag waren auch Kammern gegenüber dem Hofraum und gegenüber dem Gebäude.

11 Und war auch ein Weg davor wie vor jenen Kammern, so gegen Mitternacht lagen; und war alles gleich mit der Länge, Breite und allem, was daran war, wie droben an jenen.

12 Und wie die Türen jener, also waren auch die Türen der Kammern gegen Mittag; und am Anfang des Weges war eine Tür, dazu man kommt von der Mauer, die gegen Morgen liegt.

13 Und er sprach zu mir: Die Kammern gegen Mittag gegenüber dem Hofraum, das sind die heiligen Kammern, darin die Priester, welche dem HERRN nahen, die hochheiligen Opfer, nämlich Speisopfer, Sündopfer und Schuldopfer, da hineinlegen; denn es ist eine heilige Stätte.

14 Und wenn die Priester hineingehen, sollen sie nicht wieder aus dem Heiligtum gehen in den äußeren Vorhof, sondern sollen zuvor ihre

Kleider, darin sie gedient haben, in den Kammern weglegen, denn sie sind heilig; und sollen ihre anderen Kleider anlegen und alsdann heraus unters Volk gehen.

15 Und da er das Haus inwendig ganz gemessen hatte, führte er mich heraus zum Tor gegen Morgen und maß von demselben allenthalben herum.

16 Gegen Morgen maß er fünfhundert Ruten lang;

17 und gegen Mitternacht maß er auch fünfhundert Ruten lang;

18 desgleichen gegen Mittag auch fünfhundert Ruten;

19 und da er kam gegen Abend, maß er auch fünfhundert Ruten lang.

20 Also hatte die Mauer, die er gemessen, ins Gevierte auf jeder Seite herum fünfhundert Ruten, damit das Heilige von dem Unheiligen unterschieden wäre.

43. Kapitel

Des neuen Tempels Herrlichkeit.
Der Altar und seine Einweihung.

1 Und er führte mich wieder zum Tor gegen Morgen.

2 Und siehe, die Herrlichkeit des Gottes Israels kam von Morgen und brauste, wie ein großes

Wasser braust; und es ward sehr licht auf der Erde von seiner Herrlichkeit.

3 Und es war eben wie das Gesicht, das ich sah, da ich kam, daß die Stadt sollte zerstört werden, und wie das Gesicht, das ich gesehen hatte am Wasser Chebar. Da fiel ich nieder auf mein Angesicht.

4 Und die Herrlichkeit des HERRN kam hinein zum Hause durchs Tor gegen Morgen.

5 Da hob mich ein Wind auf und brachte mich in den innern Vorhof; und siehe, die Herrlichkeit des HERRN erfüllte das Haus.

6 Und ich hörte einen mit mir reden vom Hause heraus, und ein Mann stand neben mir.

7 Der sprach zu mir: Du Menschenkind, das ist der Ort meines Throns und die Stätte meiner Fußsohlen, darin ich ewiglich will wohnen unter den Kindern Israel. Und das Haus Israel soll nicht mehr meinen heiligen Namen verunreinigen, weder sie noch ihre Könige, durch ihre Abgötterei und durch die Leichen ihrer Könige in ihren Höhen,

8 welche ihre Schwelle an meine Schwelle und ihre Pfoste an meine Pfoste gesetzt haben, daß nur eine Wand zwischen mir und ihnen war; und haben also meinen heiligen Namen verunreinigt durch ihre Gräuel, die sie taten, darum ich sie auch in meinem Zorn verzehrt habe.

9 Nun aber sollen sie ihre Abgötterei und die Leichen ihrer Könige fern von mir wegtun; und ich will ewiglich unter ihnen wohnen.

10 Und du, Menschenkind, zeige dem Haus Israel den Tempel an, daß sie sich schämen ihrer Missetaten, und laß sie ein reinliches Muster davon nehmen.

11 Und wenn sie sich nun alles ihres Tuns schämen, so zeige ihnen die Gestalt und das Muster des Hauses und seine Ausgänge und Eingänge und alle seine Weise und alle seine Sitten und alle seine Weise und alle seine Gesetze; und schreibe es ihnen vor, daß sie alle seine Weise und alle seine Sitten halten und darnach tun.

12 Das soll aber das Gesetz des Hauses sein: Auf der Höhe des Berges, soweit ihr Umfang ist, soll das Allerheiligste sein; das ist das Gesetz des Hauses.

13 Das aber ist das Maß des Altars nach der Elle, welche eine handbreit länger ist denn die gemeine Elle: sein Fuß ist eine Elle hoch und eine Elle breit; und die Leiste an seinem Rand ist eine Spanne breit umher.

14 Und das ist die Höhe: Von dem Fuße auf der Erde bis an dem untern Absatz sind zwei Ellen hoch und eine Elle breit; aber von demselben kleineren Absatz sind's vier Ellen hoch und eine Elle breit.

15 Und der Harel (der Gottesberg) vier Ellen hoch, und vom Ariel (dem Gottesherd) überwärts die vier Hörner.

16 Der Ariel aber war zwölf Ellen lang und zwölf Ellen breit ins Geviert.

17 Und der oberste Absatz war vierzehn Ellen lang und vierzehn Ellen breit ins Geviert; und eine Leiste ging allenthalben umher, eine halbe Elle breit; und sein Fuß war eine Elle hoch, und seine Stufen waren gegen Morgen.

18 Und er sprach zu mir: Du Menschenkind, so spricht der HERR HERR: Dies sollen die Sitten des Altars sein des Tages, da er gemacht ist, daß man Brandopfer darauf lege und Blut darauf sprenge.

19 Und den Priestern von Levi aus dem Samen Zadoks, die da vor mich treten, daß sie mir dienen, spricht der HERR HERR, sollst du geben einen jungen Farren zum Sündopfer.

20 Und von desselben Blut sollst du nehmen und seine vier Hörner damit besprengen und die vier Ecken an dem obersten Absatz und um die Leiste herum; damit sollst du ihn entsündigen und versöhnen.

21 Und sollst den Farren des Sündopfers nehmen und ihn verbrennen an einem Ort am Hause, der dazu verordnet ist außerhalb des Heiligtums.

22 Aber am andern Tage sollst du einen Ziegenbock opfern, der ohne Fehl sei, zu einem Sündopfer und den Altar damit entsündigen, wie er mit dem Farren entsündigt ist.

23 Und wenn das Entsündigen vollendet ist, sollst du einen jungen Farren opfern, der ohne Fehl sei, und einen Widder von der Herde ohne Fehl.

24 Und sollst sie beide vor dem HERRN opfern; und die Priester sollen Salz darauf streuen und sollen sie also opfern dem HERRN zum Brandopfer.

25 Also sollst du sieben Tage nacheinander täglich einen Bock zum Sündopfer opfern; und sie sollen einen jungen Farren und einen Widder von der Herde, die beide ohne Fehl sind, opfern.

26 Und sollen also sieben Tage lang den Altar versöhnen und ihn reinigen und ihre Hände füllen.

27 Und nach denselben Tagen sollen die Priester am achten Tag und hernach für und für auf dem Altar opfern eure Brandopfer und eure Dankopfer, so will ich euch gnädig sein, spricht der HERR HERR.

44. Kapitel

Von den Priestern des neuen Tempels.

1 Und er führte mich wiederum zu dem äußern Tor des Heiligtums gegen Morgen; es war aber verschlossen.

2 Und der HERR sprach zu mir: Dies Tor soll zugeschlossen bleiben und nicht aufgetan werden, und soll niemand dadurchgehen; denn der HERR, der Gott Israels, ist dadurch

eingegangen, darum soll es zugeschlossen bleiben.

3 Doch den Fürsten ausgenommen; denn der Fürst soll daruntersitzen, das Brot zu essen vor dem HERRN. Durch die Halle des Tors soll er hineingehen und durch dieselbe wieder herausgehen.

4 Darnach führte er mich zum Tor gegen Mitternacht vor das Haus. Und ich sah, und siehe, des HERRN Haus war voll der Herrlichkeit des HERRN; und ich fiel auf mein Angesicht.

5 Und der HERR sprach zu mir: Du Menschenkind, merke darauf und siehe und höre fleißig auf alles, was ich dir sagen will von den Sitten und Gesetzen im Haus des HERRN; und merke, wie man hineingehen soll, und auf alle Ausgänge des Heiligtums.

6 Und sage dem ungehorsamen Hause Israel: So spricht der HERR HERR: Ihr macht es zuviel, ihr vom Hause Israel, mit allen euren Gräueln,

7 denn ihr führt fremde Leute eines unbeschnittenen Herzens und unbeschnittenen Fleisches in mein Heiligtum, dadurch ihr mein Haus entheiligt, wenn ihr mein Brot, Fettes und Blut opfert, und brecht also meinen Bund mit allen euren Gräueln;

8 und haltet die Sitten meines Heiligtums nicht, sondern macht euch selbst neue Sitten in meinem Heiligtum.

9 Darum spricht der HERR HERR also: Es soll kein Fremder eines unbeschnittenen Herzens

und unbeschnittenen Fleisches in mein Heiligtum kommen aus allen Fremdlingen, so unter den Kindern Israel sind;

10 sondern die Leviten, die von mir gewichen sind und samt Israel von mir irregegangen nach ihren Götzen, die sollen ihre Sünde tragen,

11 und sollen in meinem Heiligtum dienen als Hüter an den Türen des Hauses und als Diener des Hauses; und sollen nur das Brandopfer und andere Opfer, so das Volk herzubringt, schlachten und vor den Leuten stehen, daß sie ihnen dienen.

12 Darum, daß sie ihnen gedient vor ihren Götzen und dem Haus Israel einen Anstoß zur Sünde gegeben haben, darum habe ich meine Hand über sie ausgestreckt, spricht der HERR HERR, daß sie müssen ihre Sünde tragen.

13 Und sie sollen nicht zu mir nahen, Priesteramt zu führen, noch kommen zu allen meinen Heiligtümern, zu den hochheiligen Opfern, sondern sie sollen ihre Schande tragen und ihre Gräuel, die sie geübt haben.

14 Darum habe ich sie zu Hütern gemacht an allem Dienst des Hauses und zu allem, was man darin tun soll.

15 Aber die Priester aus den Leviten, die Kinder Zadok, so die Sitten meines Heiligtums gehalten haben, da die Kinder Israel von mir abfielen, die sollen vor mich treten und mir dienen und vor mir stehen, daß sie mir das Fett und Blut opfern, spricht der HERR HERR.

16 Und sie sollen hineingehen in mein Heiligtum und vor meinen Tisch treten, mir zu dienen und meine Sitten zu halten.

17 Und wenn sie durch die Tore des innern Vorhofs gehen wollen, sollen sie leinene Kleider anziehen und nichts Wollenes anhaben, wenn sie in den Toren im innern Vorhofe und im Hause dienen.

18 Und sollen leinenen Schmuck auf ihrem Haupt haben und leinene Beinkleider um ihre Lenden, und sollen sich nicht im Schweiß gürten.

19 Und wenn sie in den äußern Vorhof zum Volk herausgehen, sollen sie die Kleider, darin sie gedient haben, ausziehen und dieselben in die Kammern des Heiligtums legen und andere Kleider anziehen und das Volk nicht heiligen in ihren eigenen Kleidern.

20 Ihr Haupt sollen sie nicht kahl scheren, und sollen auch nicht die Haare frei wachsen lassen, sondern sollen die Haare umher verschneiden.

21 Und soll auch kein Priester Wein trinken, wenn sie in den innern Vorhof gehen sollen.

22 Und sollen keine Witwe noch Verstoßene zur Ehe nehmen, sondern Jungfrauen vom Samen des Hauses Israel oder eines Priesters nachgelassene Witwe.

23 Und sie sollen mein Volk lehren, daß sie wissen Unterschied zu halten zwischen Heiligem und Unheiligem und zwischen Reinem und Unreinem.

24 Und wo eine Sache vor sie kommt, sollen sie stehen und richten und nach meinen Rechten sprechen und sollen meine Gebote und Sitten halten und alle meine Feste halten und meine Sabbate heiligen.

25 Und sollen zu keinem Toten gehen und sich verunreinigen, nur allein zu Vater und Mutter, Sohn oder Tochter, Bruder oder Schwester, die noch keinen Mann gehabt hat; über denen mögen sie sich verunreinigen

[*Verhalten der Priester bei Todesfällen:*

25 An die Leiche eines Menschen dürfen sie nicht herantreten, weil sie sich dadurch verunreinigen würden; nur an der Leiche von Vater und Mutter, von Sohn und Tochter, von Bruder und Schwester, sofern diese unverheiratet geblieben ist, dürfen sie sich verunreinigen. (27)]

26 Und nach seiner Reinigung soll man zählen sieben Tage.

27 Und wenn er wieder hinein zum Heiligtum geht in den innern Vorhof, daß er im Heiligtum diene, so soll er sein Sündopfer opfern, spricht der HERR HERR.

28 Aber das Erbteil, das sie haben sollen, das will ich selbst sein. Darum sollt ihr ihnen kein eigen Land geben in Israel; denn ich bin ihr Erbteil.

29 Sie sollen ihre Nahrung haben vom Speisopfer, Sündopfer und Schuldopfer, und alles Verbannte in Israel soll ihnen gehören.

30 Und alle ersten Früchte und alle Hebopfer von allem, davon ihr Hebopfer bringt, sollen den Priestern gehören. Ihr sollt auch den Priestern die Erstlinge eures Teiges geben, damit der Segen in deinem Hause bleibe. 31 Was aber ein Aas oder zerrissen ist, es sei von Vögeln oder Tieren, das sollen die Priester nicht essen.

45. Kapitel

Besonderes Land für das Heiligtum, die Priester, die Leviten und die Fürsten. Maß und Gewicht für die Hebopfer des Fürsten. Gesetz der Opfer.

1 Wenn ihr nun das Land durchs Los austeilt, so sollt ihr ein Hebopfer vom Lande absondern, das dem HERRN heilig sein soll, fünfundzwanzigtausend Ruten lang und zehntausend breit; der Platz soll heilig sein, soweit er reicht.

2 Und von diesem sollen zum Heiligtum kommen je fünfhundert Ruten ins Gevierte und dazu ein freier Raum umher fünfzig Ellen.

3 Und auf dem Platz, der fünfundzwanzigtausend Ruten lang und zehntausend breit ist, soll das Heiligtum stehen, das Allerheiligste.

4 Das übrige aber vom geheiligten Lande soll den Priestern gehören, die im Heiligtum dienen und vor den HERRN treten, ihm zu dienen, daß

sie Raum zu Häusern haben, und soll auch heilig sein.

5 Aber die Leviten, so vor dem Hause dienen, sollen auch fünfundzwanzigtausend Ruten lang und zehntausend breit haben zu ihrem Teil, daß sie da wohnen.

6 Und der Stadt sollt ihr auch einen Platz lassen für das ganze Haus Israel, fünftausend Ruten breit und fünfundzwanzigtausend lang, neben dem geheiligten Lande.

7 Dem Fürsten aber sollt ihr auch einen Platz geben zu beiden Seiten, neben dem geheiligten Lande und neben dem Platz der Stadt, und soll der Platz gegen Abend und gegen Morgen so weit reichen als die Teile der Stämme.

8 Das soll sein eigen Teil sein in Israel, damit meine Fürsten nicht mehr meinem Volk das Ihre nehmen, sondern sollen das Land dem Haus Israel lassen für ihre Stämme.

9 Denn so spricht der HERR HERR: Ihr habt's lange genug gemacht, ihr Fürsten Israels; lasset ab von Frevel und Gewalt und tut, was recht und gut ist, und tut ab von meinem Volk euer Austreiben, spricht der HERR HERR.

10 Ihr sollt rechtes Gewicht und rechte Scheffel und rechtes Maß haben.

11 Epha und Bath sollen gleich sein, daß ein Bath den zehnten Teil vom Homer habe und das Epha den zehnten Teil vom Homer; denn nach dem Homer soll man sie beide messen.

12 Aber ein Lot soll zwanzig Gera haben; und eine Mina macht zwanzig Lot, fünfundzwanzig Lot und fünfzehn Lot.

13 Das soll nun das Hebopfer sein, das ihr heben sollt, nämlich den sechsten Teil eines Epha von einem Homer Weizen und den sechsten Teil eines Epha von einem Homer Gerste.

14 Und vom Öl sollt ihr geben je den zehnten Teil eines Bath vom Kor, welches zehn Bath oder ein Homer ist; denn zehn Bath machen einen Homer.

15 Und je ein Lamm von zweihundert Schafen aus der Herde auf der Weide Israels zum Speisopfer und Brandopfer und Dankopfer, zur Versöhnung für sie, spricht der HERR HERR.

16 Alles Volk im Lande soll solches Hebopfer zum Fürsten in Israel bringen.

17 Und der Fürst soll die Brandopfer, Speisopfer und Trankopfer ausrichten auf die Feste, Neumonde und Sabbate, auf alle Feiertage des Hauses Israel; er soll die Sündopfer und Speisopfer, Brandopfer und Dankopfer tun zur Versöhnung für das Haus Israel.

18 So spricht der HERR HERR: Am ersten Tage des ersten Monats sollst du nehmen einen jungen Farren, der ohne Fehl sei, und das Heiligtum entsündigen.

19 Und der Priester soll von dem Blut des Sündopfers nehmen und die Pfosten am Hause

damit besprengen und die vier Ecken des Absatzes am Altar samt den Pfosten am Tor des Innern Vorhofs.

20 Also sollst du auch tun am siebenten Tage des Monats wegen derer, die geirrt haben oder weggeführt worden sind, daß ihr das Haus entsündigt.

21 Am vierzehnten Tage des ersten Monats sollt ihr das Passah halten und sieben Tage feiern und ungesäuertes Brot essen.

22 Und am selben Tage soll der Fürst für sich und für alles Volk im Lande einen Farren zum Sündopfer opfern.

23 Aber die sieben Tage des Festes soll er dem HERRN täglich ein Brandopfer tun: je sieben Farren und sieben Widder, die ohne Fehl seien; und je einen Ziegenbock zum Sündopfer.

24 Zum Speisopfer aber soll er je ein Epha zu einem Farren und ein Epha zu einem Widder opfern und je ein Hin Öl zu einem Epha.

25 Am fünfzehnten Tage des siebenten Monats soll er sieben Tage nacheinander feiern, gleichwie jene sieben Tage, und es ebenso halten mit Sündopfer, Brandopfer, Speisopfer samt dem Öl.

46. Kapitel

Opfer des Fürsten. Schenkungen von seinem Erbteil.

1 So spricht der HERR HERR: Das Tor am innern Vorhof morgenwärts soll die sechs Werktage zugeschlossen sein; aber am Sabbat und am Neumonde soll man's auftun.
2 Und der Fürst soll von draußen unter die Halle des Tors treten und bei dem Pfosten am Tor stehenbleiben. Und die Priester sollen sein Brandopfer und Dankopfer opfern; er aber soll auf der Schwelle des Tors anbeten und darnach wieder hinausgehen; das Tor aber soll offen bleiben bis an den Abend.
3 Desgleichen das Volk im Lande soll an der Tür desselben Tors anbeten vor dem HERRN an den Sabbaten und Neumonden.
4 Das Brandopfer aber, so der Fürst vor dem HERRN opfern soll am Sabbattage, soll sein sechs Lämmer, die ohne Fehl seien, und ein Widder ohne Fehl;
5 Und je ein Epha zu einem Widder zum Speisopfer, zu den Lämmern aber, soviel seine Hand gibt, zum Speisopfer, und je ein Hin Öl zu einem Epha.
6 Am Neumonde aber soll er einen jungen Farren opfern, der ohne Fehl sei, und sechs Lämmer und einen Widder auch ohne Fehl;
7 und je ein Epha zum Farren und je ein Epha zum Widder zum Speisopfer, aber zu den

Lämmern soviel, als er geben mag, und je ein Hin Öl zu einem Epha.

8 Und wenn der Fürst hineingeht, soll er durch die Halle des Tors hineingehen und desselben Weges wieder herausgehen.

9 Aber das Volk im Lande, so vor den HERRN kommt auf die hohen Feste und zum Tor gegen Mitternacht hineingeht, anzubeten, das soll durch das Tor gegen Mittag wieder herausgehen; und welche zum Tor gegen Mittag hineingehen, die sollen zum Tor gegen Mitternacht wieder herausgehen; und sollen nicht wieder zu dem Tor hinausgehen, dadurch sie hinein sind gegangen, sondern stracks vor sich hinausgehen.

10 Der Fürst aber soll mit ihnen hinein und heraus gehen.

11 Aber an den Feiertagen und hohen Festen soll man zum Speisopfer je zu einem Farren ein Epha und je zu einem Widder ein Epha opfern und zu den Lämmern, soviel seine Hand gibt, und je ein Hin Öl zu einem Epha.

12 Wenn aber der Fürst ein freiwilliges Brandopfer oder Dankopfer dem HERRN tun wollte, so soll man ihm das Tor gegen Morgen auftun, daß er sein Brandopfer und Dankopfer opfere, wie er's sonst am Sabbat pflegt zu opfern; und wenn er wieder herausgeht, soll man das Tor nach ihm zuschließen.

13 Und er soll dem HERRN täglich ein

Brandopfer tun, nämlich ein jähriges Lamm ohne Fehl; dasselbe soll er alle Morgen opfern.

14 Und soll alle Morgen den sechsten Teil von einem Epha zum Speisopfer darauftun und den dritten Teil von einem Hin Öl auf das Semmelmehl zu träufen, dem HERRN zum Speisopfer; das soll ein ewiges Recht sein vom täglichem Opfer.

15 Und also sollen sie das Lamm samt dem Speisopfer und Öl alle Morgen opfern zum täglichen Brandopfer.

16 So spricht der HERR HERR: Wenn der Fürst seiner Söhne einem ein Geschenk gibt von seinem Erbe, dasselbe soll seinen Söhnen bleiben, und sie sollen es erblich besitzen.

17 Wo er aber seiner Knechte einem von seinem Erbteil etwas schenkt, das sollen sie besitzen bis aufs Freijahr (28) und soll alsdann dem Fürsten wieder heimfallen; denn sein Teil soll allein auf seine Söhne erben.

18 Es soll auch der Fürst dem Volk nichts nehmen von seinem Erbteil noch sie aus ihren Gütern stoßen, sondern soll sein eigenes Gut auf seine Kinder vererben, auf daß meines Volks nicht jemand von seinem Eigentum zerstreut werde.

19 Und er führte mich durch den Eingang an der Seite des Tors gegen Mitternacht zu den Kammern des Heiligtums, so den Priestern gehörten; und siehe, daselbst war ein Raum in der Ecke gegen Abend.

20 Und er sprach zu mir: Dies ist der Ort, da die Priester kochen sollen das Schuldopfer und Sündopfer und das Speisopfer backen, daß sie es nicht hinaus in den äußeren Vorhof tragen müssen, das Volk zu heiligen.
21 Darnach führte er mich hinaus in den äußeren Vorhof und hieß mich gehen in die vier Ecken des Vorhofs.
22 Und siehe, da war in jeglicher der vier Ecken ein anderes Vorhöflein, vierzig Ellen lang und dreißig Ellen breit, alle vier einerlei Maßes.
23 Und es ging ein Mäuerlein um ein jegliches der vier; da waren Herde herum gemacht unten an den Mauern.
24 Und er sprach zu mir: Dies sind die Küchen, darin die Diener des Hauses kochen sollen, was das Volk opfert.

47. Kapitel

Das segensreiche Wasser, das aus dem Tempel strömt. Grenzen des Landes.

1 Und er führte mich wieder zu der Tür des Tempels. Und siehe, da floß ein Wasser heraus unter der Schwelle des Tempels gegen Morgen; denn die vordere Seite des Tempels war gegen Morgen. Und des Tempels Wasser lief an der rechten Seite des Tempels neben dem Altar hin gegen Mittag.

2 Und er führte mich hinaus zum Tor gegen Mitternacht und brachte mich auswendig herum zum äußern Tor gegen Morgen; und siehe, das Wasser sprang heraus von der rechten Seite.
3 Und der Mann ging heraus gegen Morgen und hatte die Meßschnur in der Hand; und er maß tausend Ellen und führte mich durchs Wasser, das mir's an die Knöchel ging.
4 Und maß abermals tausend Ellen und führte mich durchs Wasser, daß mir's an die Kniee ging. Und maß noch tausend Ellen und ließ mich dadurchgehen, daß es mir an die Lenden ging.
5 Da maß er noch tausend Ellen, und es ward so tief, daß ich nicht mehr Grund hatte; denn das Wasser war zu hoch, daß man darüber schwimmen mußte und keinen Grund hatte.
6 Und er sprach zu mir: Du Menschenkind, das hast du ja gesehen. Und er führte mich wieder zurück am Ufer des Bachs.
7 Und siehe, da standen sehr viel Bäume am Ufer auf beiden Seiten.
8 Und er sprach zu mir: Dies Wasser, das da gegen Morgen herausfließt, wird durchs Blachfeld fließen ins Meer, da sollen desselben Wasser gesund werden.
9 Ja, alles, was darin lebt und webt, dahin diese Ströme kommen, das soll leben; und es soll sehr viel Fische haben; und soll alles gesund werden und leben, wo dieser Strom hin kommt.
10 Und es werden die Fischer an demselben stehen; von Engedi bis zu En-Eglaim wird man

die Fischgarne aufspannen; denn es werden daselbst sehr viel Fische von allerlei Art sein, gleichwie im großen Meer.

11 Aber die Teiche und Lachen daneben werden nicht gesund werden, sondern gesalzen bleiben.

12 Und an demselben Strom, am Ufer auf beiden Seiten, werden allerlei fruchtbare Bäume wachsen, und ihre Blätter werden nicht verwelken noch ihre Früchte ausgehen; und sie werden alle Monate neue Früchte bringen, denn ihr Wasser fließt aus dem Heiligtum. Ihre Frucht wird zur Speise dienen und ihre Blätter zur Arznei.

13 So spricht der HERR HERR: Dies sind die Grenzen, nach denen ihr das Land sollt austeilen den zwölf Stämmen Israels; denn zwei Teile gehören dem Stamm Joseph.

14 Und ihr sollt's gleich austeilen, einem wie dem andern; denn ich habe meine Hand aufgehoben, das Land euren Vätern und euch zum Erbteil zu geben.

15 Dies ist nun die Grenze des Landes gegen Mitternacht: von dem großen Meer an des Weges nach Hethlon gen Zedad,

16 Hamath, Berotha, Sibraim, das an Damaskus und Hamath grenzt, und Hazar-Thichon, das an Hauran grenzt.

17 Das soll die Grenze sein vom Meer an bis gen Hazar-Enon, und Damaskus und Hamath

sollen das Ende sein. Das sei die Grenze gegen Mitternacht.

18 Aber die Grenze gegen Morgen sollt ihr messen zwischen Hauran und Damaskus und zwischen Gilead und dem Lande Israel, am Jordan hinab bis an das Meer gegen Morgen. Das soll die Grenze gegen Morgen sein.

19 Aber die Grenze gegen Mittag ist von Thamar bis ans Haderwasser zu Kades und den Bach hinab bis an das große Meer. Das soll die Grenze gegen Mittag sein.

20 Und an der Seite gegen Abend ist das große Meer von der Grenze an bis gegenüber Hamath. Das sei die Grenze gegen Abend.

21 Also sollt ihr das Land austeilen unter die Stämme Israels.

22 Und wenn ihr das Los werft, das Land unter euch zu teilen, so sollt ihr die Fremdlinge, die bei euch wohnen und Kinder unter euch zeugen, halten gleich wie die Einheimischen unter den Kindern Israel;

23 und sie sollen auch ihr Teil im Lande haben, ein jeglicher unter seinem Stamm, dabei er wohnt, spricht der HERR HERR.

48. Kapitel

Verteilung des Landes. Umfang der Heiligen Stadt und Namen ihrer Tore.

1 Dies sind die Namen der Stämme: von Mitternacht, an dem Wege nach Hethlon, gen Hamath und Hazar-Enon und von Damaskus gegen Hamath, das soll Dan für seinen Teil haben von Morgen bis gen Abend.
2 Neben Dan soll Asser seinen Teil haben, von Morgen bis gen Abend.
3 Neben Asser soll Naphthali seinen Teil haben, von Morgen bis gen Abend.
4 Neben Naphthali soll Manasse seinen Teil haben, von Morgen bis gen Abend.
5 Neben Manasse soll Ephraim seinen Teil haben, von Morgen bis gen Abend.
6 Neben Ephraim soll Ruben seinen Teil haben, von Morgen bis gen Abend.
7 Neben Ruben soll Juda seinen Teil haben, von Morgen bis gen Abend.
8 Neben Juda aber sollt ihr einen Teil absondern, von Morgen bis gen Abend, der fünfundzwanzigtausend Ruten breit und so lang sei, wie sonst ein Teil ist von Morgen bis gen Abend; darin soll das Heiligtum stehen.
9 Und davon sollt ihr dem HERRN einen Teil absondern, fünfundzwanzigtausend Ruten lang und zehntausend Ruten breit.

10 Und dieser heilige Teil soll den Priestern gehören, nämlich fünfundzwanzigtausend Ruten lang gegen Mitternacht und gegen Mittag und zehntausend breit gegen Morgen und gegen Abend. Und das Heiligtum des HERRN soll mittendarin stehen.

11 Das soll geheiligt sein den Priestern, den Kindern Zadok, welche meine Sitten gehalten haben und sind nicht abgefallen mit den Kindern Israel, wie die Leviten abgefallen sind.

12 Und soll also dieser abgesonderte Teil des geheiligten Landes ihr eigen sein als Hochheiliges neben der Leviten Grenze.

13 Die Leviten aber sollen neben der Priester Grenze auch fünfundzwanzigtausend Ruten in die Länge und zehntausend Ruten in die Breite haben; denn alle Länge soll fünfunzwanzigtausend und die Breite zehntausend Ruten haben.

14 Und sollen nichts davon verkaufen noch verändern, damit des Landes Erstling nicht wegkomme; denn es ist dem HERRN geheiligt.

15 Aber die übrigen fünftausend Ruten in die Breite gegen fünfunzwanzigtausend Ruten in die Länge, das soll gemeines Land sein zur Stadt, darin zu wohnen, und zu Vorstädten; und die Stadt soll mittendarin stehen.

16 Und das soll ihr Maß sein: viertausendundfünfhundert Ruten gegen Mitternacht und gegen Mittag, desgleichen gegen Morgen und gegen Abend auch viertausendundfünfhundert.

17 Die Vorstadt aber soll haben zweihundertundfünfzig Ruten gegen Mitternacht und gegen Mittag, desgleichen auch gegen Morgen und gegen Abend zweihundertundfünfzig Ruten.

18 Aber das übrige an der Länge neben dem Abgesonderten und Geheiligten, nämlich zehntausend Ruten gegen Morgen und zehntausend Ruten gegen Abend, das gehört zum Unterhalt derer, die in der Stadt arbeiten.

19 Und die Arbeiter aus allen Stämmen Israels sollen in der Stadt arbeiten.

20 Also soll die ganze Absonderung fünfundzwanzigtausend Ruten ins Gevierte sein; ein Vierteil der geheiligten Absonderung sei zu eigen der Stadt.

21 Was aber noch übrig ist auf beiden Seiten neben dem abgesonderten heiligen Teil und neben der Stadt Teil, nämlich fünfundzwanzigtausend Ruten gegen Morgen und gegen Abend neben den Teilen der Stämme, das soll alles dem Fürsten gehören. Aber der abgesonderte Teil und das Haus des Heiligtums soll mitteninnen sein.

22 Was aber neben der Leviten Teil und neben der Stadt Teil zwischen der Grenze Juda's und der Grenze Benjamins liegt, das soll dem Fürsten gehören.

23 Darnach sollen die andern Stämme sein: Benjamin soll seinen Teil haben, von Morgen bis gen Abend.

24 Aber neben der Grenze Benjamin soll Simeon seinen Teil haben, von Morgen bis gen Abend.

25 Neben der Grenze Simeons soll Isaschar seinen Teil haben, von Morgen bis gen Abend.

26 Neben der Grenze Isaschars soll Sebulon seinen Teil haben, von Morgen bis gen Abend.

27 Neben der Grenze Sebulons soll Gad seinen Teil haben, von Morgen bis gen Abend.

28 Aber neben Gad ist die Grenze gegen Mittag von Thamar bis ans Haderwasser zu Kades und an den Bach hinab bis an das große Meer.

29 Das ist das Land, das ihr austeilen sollt zum Erbteil unter die Stämme Israels; und das sollen ihre Erbteile sein, spricht der HERR HERR.

30 Und so weit soll die Stadt sein: viertausendundfünfhundert Ruten gegen Mitternacht.

31 Und die Tore der Stadt sollen nach den Namen der Stämme Israels genannt werden, drei Toren gegen Mitternacht: das erste Tor Ruben, das zweite Juda, das dritte Levi.

32 Also auch gegen Morgen viertausendundfünfhundert Ruten und auch drei Tore: nämlich das erste Tor Joseph, das zweite Benjamin, das dritte Dan.

33 Gegen Mittag auch also viertausendundfünfhundert Ruten und auch drei Tore: das erste Tor Simeon, das zweite Isaschar, das dritte Sebulon.

34 Also auch gegen Abend viertausendundfünfhundert Ruten und drei Tore: ein Tor Gad, das zweite Asser, das dritte Naphthali.
35 Also sollen es um und um achtzehntausend Ruten sein. Und alsdann soll die Stadt genannt werden: "Hier ist der HERR".

Anhang und Register

(1) Seuche, Epidemie, Beulenpest, Pestplage

(2) Der Scheuel, ein im Hochdeutschen veraltetes Wort für Scheusal.

(3) Züricher Bibel

(4) dichterisch: großes, weiches Kissen

(5) vergl. unterschiedliche Bibelübersetzungen, siehe auch: Der Verkehr mit der Geisterwelt Gottes, seine Gesetze und sein Zweck

(6) vergl. unterschiedliche Bibelübersetzungen, siehe auch: Der Verkehr mit der Geisterwelt Gottes, seine Gesetze und sein Zweck

(7) Menge Bibel

(8) Herlinge oder Geiztrauben heißen die kleinen Trauben aus der späten Nachblüte des Rebstocks auf Geiztrieben. *(Quelle: Wikipedia)*

(9) vergl. unterschiedliche Bibelübersetzungen, siehe auch: Der Verkehr mit der Geisterwelt Gottes, seine Gesetze und sein Zweck

(10) Züricher Bibel

(11) Elberfelder Bibel

(12) Schlachter 2000

(13) Schlachter 2000

(14) Elberfelder Bibel

(15) Als Reisiger, Reisige, Reißige oder reisiger Knecht wurden im Mittelalter bewaffnete Dienstleute oder berittene Begleitpersonen bezeichnet.

(Quelle: Wikipedia)

(16) *Tartschen sind Schildformen, die ab der Mitte des 14. Jahrhunderts verwendet wurden und sich ursprünglich durch eine Einkerbung für die Lanze oder den Degen, die sogenannte Speerruhe oder Degenbrecher, auszeichneten und die gegnerische Waffe abfangen sollten.*

(Quelle: Wikipedia)

(17) Schlachter 2000

(18) Häfen, Hafen

(19) Züricher Bibel

(20) Menge Bibel

(21) Elberfelder Bibel, Einschub aus der Züricher Bibel

(22) vergl. unterschiedliche Bibelübersetzungen, siehe auch: Der Verkehr mit der Geisterwelt Gottes, seine Gesetze und sein Zweck

(23) Elberfelder Bibel

(24) Die Deutung der Gog-Gestalt in Ez 38-39 *ist eng verknüpft mit einem Gesamtverständnis der beiden Kapitel. Die Forschungsgeschichte (ausführlich referiert von Sverre Bøe 88-99) hält dazu ganz unterschiedliche Lösungen bereit. Häufig vertreten wird eine traditionsgeschichtliche Abhängigkeit vom „Feind aus dem Norden" des* → Jeremiabuchs *(Klein, Schriftauslegung). Andere identifizieren Gog mehr oder weniger eindeutig mit konkreten Gestalten der alttestamentlichen Zeitgeschichte, etwa mit Gyges von Lydien (Zimmerli), Nebukadnezar (Galambush) oder Alexander dem Großen (Winckler). Auch stärker mythologische Deutungen des gesamten Abschnittes werden immer wieder vertreten (Fitzpatrick). Oder man versucht, Gog vor allem auf dem Hintergrund der Ezechieltradition zu verstehen (Rösel).*

Weiterführende Informationen siehe unten (A)

(Quelle: bibelwissenschaft.de)

(25) *Die Schloße, plur. die -n, Regentropfen, welche im Herunterfallen aus der Luft in Eis verwandelt worden.*

(Quelle: zeno.org)

(26) *Synonyme: künftig, zukünftig*

hinfürder, adv. dieselbe Bedeutung wie fürderhin. Hinfürder wird genutzt, wie seine Nebenform hinforder, wenn man an eine Vergangenheit oder Gegenwart anknüpfenden möchte, im Sinne von 'jetzt' oder 'von da an',

(abgeleitet und berichtigt von woerterbuchnetz.de)

(27) Menge Bibel

(28) *Freijahr - Sabbatjahr, siehe auch: Sabbatical*

(A) Gog ist in Ez 38-39 der Name des Anführers einer Koalition weit entfernt lebender Völker, die am Ende der Tage gegen das Land Israel ziehen werden. Magog ist nach den Völkerlisten von Gen 10,2 und 1 Chr 1,5 der Name eines Enkels Noahs. Nach Ez 38,2 steht das Land Magogs in Verbindung zu Gog. Aufgrund der Ähnlichkeit der beiden Namen und der engen Verbindung in Ez 38,2 kann man davon ausgehen, dass beide voneinander abhängig sind. Ob jedoch Gog aus Magog abgeleitet oder Magog in Ergänzung zu Gog gebildet wurde, ist umstritten.

Der Befund in Ez 38-39 selbst lässt sich folgendermaßen zusammenfassen: Als „Großfürst von Meschech und Tubal" steht Gog sowohl in Beziehung zu einem sonst nur aus der → Völkertafel in Gen 10 bekannten Land Magog als auch zum „äußersten Norden". Er ist Anführer einer Koalition weit entfernt lebender Völker, die am Ende der Tage gegen das Land Israels ziehen werden. Seine Beutegier und JHWH selbst veranlassen ihn dazu, doch JHWH wird ihn auch besiegen und die Plünderer werden selbst geplündert. Gogs Grab „in Israel" wird zu einem Erinnerungszeichen an diese Niederlage. Durch den Sieg über diesen räumlich und zeitlich entferntesten Feind erweist JHWH seine Macht und die Heiligkeit seines Namens. Israel und alle Völker werden JHWH daran erkennen und sehen, dass er sein Volk vor jeder Bedrohung schützen kann.